진정한 나다움의 발견

MBTI

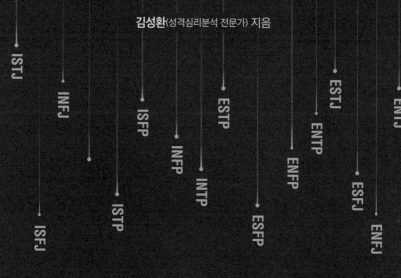

"내가 아는 나, 남이 보는 나 무엇이 진짜일까?"

2022년
최신개정판

진정한 나다움의 발견
MBTI

타고난 성격을 성공 스펙으로 만드는 법

김성환(성격심리분석 전문가) 지음

ISTJ

INFJ

ISFP

INFP

ISTP

ISFJ

ESTP

INTP

ENFP

ESFP

ESTJ

ENTP

ENFP

ESFJ

ENFJ

ENTJ

좋은땅

『진정한 나다움의 발견 MBTI』를 읽고

"너 자신을 알라"(그리스어: γνῶθι σεαυτόν, 그노티 세아우톤)는 고대 그리스의 유명한 격언으로, 델포이의 아폴론 신전의 앞마당에 새겨져 있습니다. 우리는 이 격언처럼 '나 자신'을 어떻게 이해해야 할까요? 이 질문에 대한 답이 한 가지는 아닙니다. 또 반대로 우리는 내 아이, 내 남편, 내 아내, 혹은 주변의 아는 누군가의 행동이나 모습을 보고 가끔 궁금해합니다. 그래서 저 사람은 왜 그렇게 행동하는지 알고 싶어 합니다. 심리학에서는 이러한 사람들의 마음을 'naive realism' 혹은 'naive psychology'라고 말합니다. 즉 누구나 사람들은 자신과 타인에 관해 전문적인 공부를 하지 않아도 심리학자처럼 다른 사람과 자신이 왜 그렇게 행동하는지 이해하려고 하고, 어떤 형태로는 본능적으로 해석하는 '아마추어 심리학자'라고 설명합니다. 과학적인 방법으로 자신과 타인을 이해하기 위한 인간의 노력은 심리학이라는 학문을 만들게 되었고, 특히 사람들이 소위 말하는 '성격'이란 개념을 연구하는 성격 심리학이라는 산물이 탄생하게 되었습니다. 결국에 아무리 과학적이고 대단해 보여도, 심리학이라는 학문은 '너 자신을 알라'라는 격언의 실천적 형태라고 할 수 있습니다.

　사람들의 성격을 이해하는 과학적 방법은 무엇일까요? 어떻게 하면 우리는 타인과 자신을 좀 더 정확하게 이해할 수 있을까요? 이 질문에 심리학은 사람들이 보이는 행동과 태도 등을 일종의 과학적 틀을 가지고 보라고 제안합니다. 사람들의 특성을 여러 유형으로 분류하는 것을 '범주 유형학'이라고 합니다. 범주 유형학의 대표적인 성격이론이 바로 'MBTI 검사'입니다. MBTI 성격이론의 가장 큰 장점은 일반인들이 자신에게 적용하기 빠르고 쉬운 과학적 방법을 통해 자신을 깊이 이해할 수 있다는 점일 것입니다. 김성환 대표님이 책 서두에 말씀하셨듯이 MBTI가 대중적인 만큼 제대로 이해하고 활용하지 못하고, 오히려 오해와 오용되는 점이 많아서 개인적으로 안타까워하였습니다. 그러던 차에 김성환 대표님의 책이 출간된다는 소식을 접하고 이렇게 추천의 글을 쓰게 되었습니다. 김성환 대표님은 이 책을 통해 성격 심리학의 핵심 가치인 '너 자신을 알라'라는 격언을 충실히 따르며 누구보다 사람의 마음을 이해하려고 노력하시는 분이라는 점에서 여러분에게 이 책을 강력히 추천합니다. 김성환 대표님의 책을 통해 여러분 자신을 좀 더 깊이 이해하고 그 이해를 바탕으로 다른 사람의 마음을 끝없이 이해하려는 여정에 이 책이 확실한 나침반으로 쓰이기를 기대합니다.

2022년 3월 6일
임상심리학자 당신의마음연구소장 진성오

이 책을 읽는 독자들에게

　MBTI란 단어와 인지도가 이미 많은 사람에게 익숙해져 있는 세상이다. 그러나 MBTI를 알고 있는 수준을 크게 두 부류로 나누어 보자면 MBTI를 개인적으로 독파한 이해 수준의 사람들과 MBTI를 정식으로 배워 전문가 수준으로 이해한 수준의 사람들로 갈리는 것이 또한 현실인 듯하다. 이 책은 MBTI를 개인적으로 연구하여 이해한 분들에게는 좀 더 명확하고 전문적인 수준의 MBTI에 대해 이해해 볼 수 있는 기회를 제공함과 동시에 MBTI를 정식으로 배운 분들에게는 내가 배운 MBTI 이론에 대한 분명한 체계를 잡을 수 있는 기회를 제공해 줄 것이라 생각한다.

　이 책을 쓴 필자 또한 MBTI에 대해 오랜 시간 관심을 가져왔지만 정작 MBTI를 제대로 공부하고 이해한 것은 그리 오래되지 않았다. MBTI를 제대로 공부하게 되면서 기존에 내가 가지고 있었던 MBTI에 대한 무지와 오해들이 희석되었고 MBTI가 도대체 어떤 방향으로 우리 자신과 우리의 삶을 안내하고 있는지 보다 선명하게 이해할 수 있었기에 MBTI를 통해 자기이해와 성찰을 해 보고자 하는 이들에게 이 책이 조금이라도 도움이 되었으면 하는 바람이다.

결론부터 말하자면 MBTI는 '개별화된 인간' 즉 '자신의 뚜렷한 정체성을 확립해 주는 이론'이며 세상의 어떤 일도 '자기이해'가 되지 않고는 제대로 시작할 수 없기에 MBTI는 단지 성격이론이라 단정하기보다 인간이 자신을 이해하고 무언가를 시도함에 있어 필수적으로 알아야 할 이론이라고 감히 말하고 싶다. 물론 MBTI가 모든 성격이론을 대표할 수는 없다. 왜냐하면, MBTI가 가진 이론의 특성상 이분법적인 논리에 의해 인간의 성격을 특정한 선호를 가진 '개성화된 인간'을 강조하고 있기 때문이다. 따라서 MBTI를 공부하고 있거나 MBTI를 활용해 보고자 하는 분들에게 MBTI는 인간을 이해하는 하나의 길이 될 수 있을 뿐, MBTI가 결코 나 자신을 이해하는 데 절대적인 기준이 될 수는 없다는 사실을 명심하기 바란다.

그럼에도 불구하고 MBTI가 여전히 우리에게 필요한 인간이해의 기초가 되는 이론이라는 사실에는 변함이 없다. 필자가 오랜 시간 인간의 성격과 관련된 다양한 성격이론들과 그 도구들을 접해 보고 현장에서 활용해본 결과, MBTI는 인간의 성격을 다양한 측면으로 이해해 볼 수 있는 장점이 있고 자신이 남과 차별화된 독특하고 유일무이한 존재로 이해할 수 있는 지점을 제공하고 있음을 알 수 있었다. 하지만 자칫 자신이 타고난 성격의 메커니즘에 사로잡혀 자신의 행동을 합리화시키기 위한 명분으로

MBTI를 오용하는 것은 바람직하지 않은 처사임을 밝혀둔다.

이 책을 읽는 독자들에게 부탁하고 싶은 것은 MBTI를 배우고 익히는 것이 단지 MBTI에 대한 호기심을 채우는 과정이 아니라, 자기이해를 시작으로 타인을 이해하며 인격적으로 성숙해지기 위한 변화의 시간임을 명심해 달라는 것이다. 그리고 MBTI를 개인적으로 공부하는 입장이든, 정식으로 배우고 있는 입장이든 MBTI로 얄팍하게 사람을 판단하고 유형을 나눠 편 가르기를 하는 것이 아니라 먼저 자기 자신을 정확히 이해하고 타인에 대한 이해심을 넓혀 화합과 상생의 길로 나아가는 데에 MBTI 사용의 목적을 두기 바란다.

목차

제1장

◆

MBTI의 이해

제2장

◆

MBTI 16가지 유형

제3장

◆

MBTI를 통한 성장

제4장

◆

MBTI의 활용

MBTI의 이해

MBTI가 말하고자 하는 것

　MBTI에 대해 말해 보자. MBTI는 앞에서 미리 언급한 것처럼 '개별화된 인간' 혹은 '개성화된 인간'을 강조하고 있다. 이를 위해선 '개별화(individuation)'가 무엇인지 이해할 필요가 있다. 개별화란 스위스 분석 심리학자였던 칼 융에 의해 개념화된 것으로 '한 개인이 완성되어 간다는 것' 또는 '내가 나를 분석(분화)하고 내 자아와 그림자 등(성격의 구성요소들)의 모든 것을 하나의 인격으로 통합하는 과정'을 말한다.

　융은 인간이 태어나 신체의 유기체가 처음 전체의 모양을 갖추고 점차 세분화되어 발달해 가는 과정을 거치는 것처럼, 인간도 자신의 내면에 심리체계가 형성되면서 성격이 점점 세분화되고 다시 하나의 전체로 통합되는 과정을 반복하면서 고유한 자기의 정체성을 점진적으로 완성한다고 보았다. 이는 하나의 꽃이 씨앗에서 피어야 할 꽃으로 자라나는 모든 과정 속에서 그 가능성이 하나씩 하나씩 발달하는 것으로 이해할 수 있다. 세상의 누구든지 자신의 독특한 개성과 정체성을 가짐에 있어 신체 외모의 발달에도 차별성을 갖게 되는 것처럼 인간의 내면도 그와 같이 차별화된 성향으로 내면이 성장하여 완성해간다고 이해해볼 수 있는 것이다.

융은 이러한 성격의 통합, 자아가 완성되어 가는 과정을 '개별화 과정'이라 정의하였고 MBTI에서는 이런 자기분화와 통합의 과정을 완성하기 위해 그 기반이 되는 내용을 알리고 있다. 다시 말해 MBTI는 칼 융이 말한 개별화 과정을 완성함에 있어 정답이 아님을 알아야 한다. 예를 들어 MBTI에서 내가 선호하는 경향에 따라 특정한 유형(예-ISTJ, ENFP 등)이 나왔다고 가정해 보자. 대부분 사람은 자신이 이런 성격 유형이 나왔다는 사실에 만족하고 더는 자기탐구 혹은 자기완성을 시도하려 하지 않는다. 왜냐하면, 일차적으로 융이 말한 개별화된 인간으로 나아가기 위해 통과해야 할 관문은 바로 '나는 어떤 유형의 사람인가'라는 문제이다. 개별화의 완성은 내가 어떤 사람인지, 내가 어떤 유형인지를 아는 것이 끝이 아니라(내가 어떤 MBTI 유형인지는 굳이 MBTI를 정식으로 배우지 않고도 스스로 성찰이 가능함) 자기(Self)를 완성하기 위해 자신의 부족한 지점을 의식적으로 개발하며 자신의 강점을 제대로 발휘하기 위해 취약점에 방해받지 않는 유연한 모습으로 성장하는 것이다. 이를 위해서는 MBTI를 이해하고 난 후 자기에게 숙제로 남은 '자기완성, 자아통합'의 과정으로 나아가야 한다. MBTI는 타인과 차별화된 자신의 독특한 유형에 대해서는 분명하게 안내하고 있으나 자기완성, 자아통합에 대해서는 그 방향성만을 제시하고 있으므로 이러한 한계점을 염두에 두고 공부하는 것이 현명할 것이라 생각한다.

따라서 MBTI의 목표는 '유형발달'이라는 슬로건 아래 자신의 선호과정에서의 분화가 먼저 이루어지고 난 후, 자신이 덜 선호하는 과정으로 충분히 발달하여 '비교적 완전한 인간'이 되는 것이다. 결론적으로 MBTI는 융이 말한 개별화된 인간, 자아분화와 통합의 과정을 거쳐 자기를 건강하게 완성한 인간으로 우리를 안내하기 위해 그 출발점을 제공한다. MBTI를 통해 자신이 어떤 유형인지 알았다면 그 수준에 영원히 머물러 있지 말고 자신의 열등하고 취약한 점을 찾아 자신이 선호하는 성격에 취해 타인을 괴롭히는 존재가 되지 않도록 의식적인 노력을 해야 할 것이다.

MBTI의 이론적 토대

　MBTI를 근본적으로 이해하려면 MBTI의 역사를 이해할 필요가 있다. MBTI란 단어는 말 그대로 미국인 캐서린 C. 브릭스(Katharine Cook Briggs, INFJ)와 그녀의 딸 이사벨 B. 마이어스(Isabel Briggs Myers, INFP)가 개발한 자기보고식 성격 유형지표(Type Indicator)의 약자를 말한다 (딸 이름의 M이 앞에 온 것은 MBTI의 과학화와 타당도에 크게 공헌하였기 때문). 심리학을 전공하지도 않은 두 모녀가 MBTI 성격 유형 검사를 개발하게 된 동기는 다음과 같다.

　1900년에서 1920년 사이 브릭스는 사람의 개인차에 대한 관심을 가지

【MBTI 창시자들. 왼쪽부터 Carl Gustav Jung, Katharine Cook Briggs, Isabel Briggs Myers】

고 유명인의 전기문을 통해 인간의 차이와 갈등에 관한 연구를 시작한다. 그녀는 마침내 성격유형에 대한 독자적인 이론을 개발하였고, 1926년『새로운 공화국』이란 저서에서 4가지 심리유형을 발표하게 된다. 그러던 중 1923년에 발표된 스위스의 분석심리학자이자 정신과 의사인 융(Carl Gustav Jung)의 저서『심리유형론(Psychological Types)』을 읽게 된다. 융의 이론에 심취한 그녀는 당시 스워스모어 칼리지에서 정치학 학사 학위를 받은 자신의 딸 마이어스에게 융의 책과 이론을 소개하였고, 20년간 융의 이론을 연구, 개발하고 응용하는 데 일생을 바치게 된다. 1943년부터 딸 마이어스와 공동으로 선호지표와 유형을 측정할 수 있는 검사 문항을 개발하기 시작하였다. 1944년 MBTI Form A로 시작하여 현재 K형을 개발하기에 이르게 되었고, 1962년 MBTI라는 이름으로 검사를 정식으로 소개하게 되었다. 국내에서는 심혜숙, 김정택 박사가 1975년 미국 CCP에서 저작권을 인수하여 MBTI 한국판 독점계약한 것을 시작으로 1989년 서강대학교에서 처음 한국 MBTI 연구실이 열리게 되었다. 20년이 흐른 2012년에는 MBTI Form M, Q가 차례로 표준화되었다.

여기서 주목할 것은 브릭스가 눈을 뜨게 된 칼 융의 '심리유형론'이다. 도대체 칼 융은 누구이며 칼 융의 이론이 어떤 이유로 MBTI의 이론적 토대가 된 것일까? 개신교 목사였던 아버지와 기분 변화가 심했던 어머니의 영향으로 '예민성'이 발달하게 된 융은 프로이트의 정신분석학에서 강조한 무의식에 한발 더 나아가 인간의 무의식 안에 다양한 '원형들'이 있다고 보고 개인무의식을 넘어 집단무의식이 있음을 발견해 분석심리학을 만드는 것으로 알려져 있다. 또한, 처음 취리히에서 프로이트의 이론을 접하고 감명을 받아 프로이트와 사상을 같이하며 프로이트의 후계자라고까지 불렸던 그가 프로이트의 성욕설, 정신결정론, 심리성적결정론 등에 충돌하게 되면서 1913년에 결국 갈라서게 된 것은 익히 알려져 있는 사실이다. 융은 어린 시절 어머니와 아버지와의 긴장된 결혼생활 속에서 불안정한 성장을 하였다. 그는 종교문제로 아버지와 잦은 갈등을 경험하면서 역사, 철학, 고고학, 심령현상 등에 관심을 갖게 되었으며 이를 바탕으로 분석심리학의 토대를 형성하였다.

한편 융은 1913년 가을, 자신의 환상체험을 시작으로 1914년 봄부터 자신의 꿈을 본격적으로 분석하기 시작했다. 또한 그해 8월에 발발한 세계대전을 지켜보면서 '왜 사람들은 서로 조화롭게 잘 지내지 못하고 전쟁을 일으키는 것일까' 하는 의문을 갖게 되었고, 인간에 대해 이해하고자 고민하게 된다. 우연의 일치였을까? 공교롭게도 융과 같은 해인 1875년에 출생한 캐서린 브릭스 역시 당시 융과 같은 세대를 사는 동시대 인물로서 융과 같은 인간의 개인차로 비롯된 갈등에 대해 고민했던 것은 MBTI가 탄생하게 된 결정적 동기라 해도 과언은 아닐 것이다. 이렇게 융의 책(『심리유형론』)이 인간 이해의 도구에 대한 기반이 되면서 융의 이론이 캐서린 브릭스와 그녀의 딸 이사벨 마이어스의 연구로 이어졌다. 융이 소개한 심리체계에 브릭스와 마이어스의 연구와 경험이 더해져 성격 유형 지표가 완성되었고, 각 심리기능 간의 조합으로 16가지 MBTI 유형이 탄생하기에 이른다. 이것이 MBTI가 세상에 출현하게 된 역사이다.

MBTI의 심리적 선호

MBTI에서는 다음과 같은 4가지 선호지표가 있다. 이는 인간을 이해할 수 있는 4가지 차원이자 4가지 렌즈라고 할 수 있을 것이다.

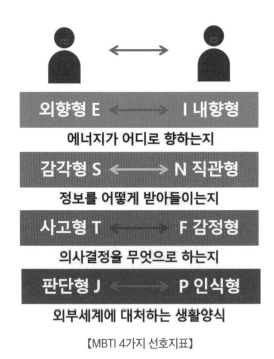

외향형 E ←→ I 내향형
에너지가 어디로 향하는지

감각형 S ←→ N 직관형
정보를 어떻게 받아들이는지

사고형 T ←→ F 감정형
의사결정을 무엇으로 하는지

판단형 J ←→ P 인식형
외부세계에 대처하는 생활양식

【MBTI 4가지 선호지표】

인간의 행동은 다음과 같은 순서로 일어난다. 가장 먼저 외부 세계에서 경험하는 정보를 받아들이는 것에서 시작한다. 이때 정보를 인식하는 방식에 있어 있는 그대로의 사실을 수용하는 감각형과 사실을 넘어 이면을 보려 하는 직관형으로 나뉘게 된다. 일단 정보가 인식되면 이를 바탕으로 어떤 결정을 내리게 된다. 이때 옳고 그름, 사실 여부를 가리는 데 초점을 두고 원리 원칙대로 의사결정을 하는 사고형이 있는가 하면, 주변 관계를 고려하여 감성적으로 의사결정을 내리는 감정형이 있다. 그리고 이렇게 결정한 내용을 외부로 표출할 것인지 아니면 내부로 흡수할 것인지에 대한 외향형과 내향형으로 나누어지면서 최종적인 행동이 나타나게 되는 것이다.

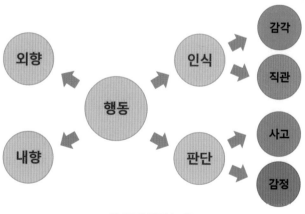

【인간의 행동순서】

융의 심리유형론에 의하면 인간 행동(Behavior)이 그 다양성으로 인해 종잡을 수 없는 것처럼 보여도 사실은 아주 질서정연하고 일관된 경향성이 있다는 데서 출발하였다고 한다. 그리고 그 다양성은 개인이 어떻게 사물(사람, 사건)을 인식(Perceiving)하고 그 인식을 바탕으로 어떤 결론을 내리는지에 대한 판단(Judging)방식이 다르기 때문이라고 하였다. 따라서 융이 말한 심리유형의 다양성 즉 심리적 경향성은 개인의 인식과 판단에 의해 좌우됨을 알 수 있다. 또 이러한 개인의 인식과 판단은 인간 내면의 '심리기능'으로서 사용된다. 먼저 정보를 어떻게 받아들이는가에 대한 인식기능은 감각(Sensing)과 직관(iNtuition)으로 구분되며, 의사결정을 무엇으로 하는지에 대한 판단기능은 사고(Thinking)와 감정(Feeling)으로 구분된다. 이러한 심리기능은 인간 내적인 자아의 기능으로 내재되어 있고 이것이 실재 행동으로 외현화되어 나타날 때는 두 가지 자아의 태도에 따라 그 방향이 결정된다. 심리기능이 최종적인 행동의 어떤 방향으로 나타날지에 대한 태도지표는 에너지를 쓰는 방향에 따른 외향과 내향, 외부 세계에 대처하는 생활양식에 따른 판단과 인식에 의해 드러난다. 이렇게 개인 내적인 심리기능(감각, 직관, 사고, 감정)과 외적 태도지표(외향, 내향, 판단, 인식)가 어우러져 한 개인의 독특한 16가지 심리유형 곧 독특한 성격 유형(4×4)이 만들어진다.

그렇다면 각 개인이 가진 심리경향성 즉 심리기능과 태도지표는 어떻게 결정되는가? 그것은 각 개인이 가진 심리적 선호(Preference)에 따라 결정된다. 심리적 선호란 한 개인이 일상 안에서 편하고 자연스러우며 지속적이고 일관되게 사용하는 것이다. 이를테면 저마다 좋아하는 과일이 다르듯 신체에도 편안함을 추구하는 선호방향(예-왼손과 오른손을 번갈아 가며 이름 써 보기, 팔짱을 바꿔 껴 보기, 깍지를 번갈아 껴 보기 등)이 있다. 이처럼 심리에도 자신이 좀 더 좋아하고 끌리는 선호(나는 어느 쪽이 좀 더 편안한지)가 있다. 예컨대 어떤 사람은 말로 표현하는 것이 편하고 어떤 사람은 글로 전달하는 것이 편하다. 어떤 사람은 다양한 관계와 활동 속에서 에너지를 얻고 어떤 사람은 혼자만의 시간을 가졌을 때 에너지를 얻는다. 어떤 사람은 삶의 넓이를 추구하고 어떤 사람은 깊이를 추구한다. 어떤 사람은 행동하고 나서 저지른 일을 생각하고 어떤 사람은 사고를 오래 하다가 기회를 놓쳐 버린다. 어떤 사람은 말하지 못해 답답해하고 어떤 사람은 질문을 받아서 괴로워한다. 이처럼 심리적 선호는 선택지에 대한 결정이 외부환경에 의해 계발되거나 요구된 것이 아니며 혹은 '상대가 나를 이렇게 봐주면 좋겠다'가 아니라 내가 가장 편하고 자연스러운 것에서 나타난다. 따라서 MBTI에서는 심리적 경향성 즉 심리기능과 태도지표가 자신이 선호하는 방향에 따라 각각 4가지 선호지표로 구분되어 다음과 같이 설명된다.

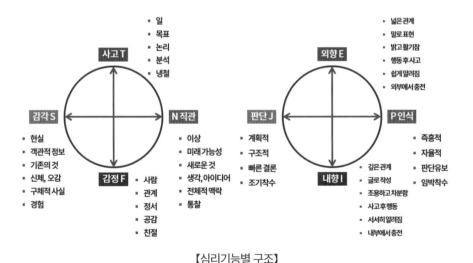

【심리기능별 구조】

1. 자아의 태도 : 외향성(Extraversion), 내향성(Intreversion)

자아의 태도는 태어날 때부터 결정되는 것으로 간주된다. 물론 후천적으로 영향을 받기도 하지만 유전적으로 출생 때부터 생득적으로 가지고 태어난다. 인간은 누구나 기본적으로 외향성과 내향성의 두 가지 성격을 가지고 태어나는데, 이 두 가지 태도가 성격 속에 있으나 보통 하나가 우세하여 의식되는 반면 다른 하나는 무의식 속에 있게 된다. 그렇다면 외향적인 사람은 내향성이 없는가? 있다. 한번 생각을 해 보자. 당신이 만약 외향적인 사람이라고 한다면 내향성이 전혀 없는가? 평소에는 대체로 외향적이지만 어느 때는 내향적인 성향을 보이지 않는가? 그래서 외향성이 우세하면 내향적인 면은 다소 열세한 부분이 있고 내향성이 우세하더라도 외향성은 약간 열세한 면이 있게 되는 것이다. 그러나 중년이 되면 호르몬의 변화에 의해 방향성이 바뀐다. 자아의 태도는 주의집중과 에너지의 방향에 대한 선호이다. 즉 에너지가 어느 방향으로 흐르는지, 에너지를 어떻게 쓰는지에 대한 구분이다. 정신적인 에너지가 밖으로 향하는가 아니면 내적으로 향하는가, 인간의 심리적 에너지가 외부 또는 다른 사람에게 흐르는가 혹은 안으로 자기를 향해 흐르는가에 따라 각각 외향성과 내향성이 결정된다.

"주의집중(EI) : 주의집중과 에너지의 방향에 대한 선호"

외향성(Extraversion, 엑스트라버전)
엑스트라(extra) 즉 '밖으로'라는 말처럼 에너지가 밖으로 향하는 것을 말하며 자아의 태도가 외부 세상을 지향하는 방향이 능동적이다.

- 정신에너지인 리비도가 객관적 세계로 지향(에너지가 밖으로 향함)
- 외부로 에너지를 쓰면서 발현하고 표출하는 경향
- 폭넓은 대인관계를 유지하며 사교적이고 정열적이며 활동적임
- 어떤 모임에 가더라도 잘 드러나는 유형
- 표현과 제스처가 크고 보이스가 우렁참
- 객관적 사실과 조건에 관한 지각, 사고, 감정에 의해 좌우됨
- 사람, 사물, 사건 등에 무한한 흥미를 느끼며 환경에 쉽게 어뎁팅(적응)함
- 다른 사람과의 상호작용에 관심을 가지며 처음 만난 사람과도 재미있게 어울림
- 자기 안에서 일어나는 변화를 바깥에서 영향을 미치는 외부대상 탓으로 여김
- 스트레스를 풀 때 여러 사람과 만나 함께 시간을 보내면서 힘을 얻는다고 함

내향성(Introversion, 인트로버전)

인트로(intro) 즉 '안쪽', '내적', '안'이라는 말처럼 에너지가 내적으로 향하는 것을 말하며 자아의 태도가 외부 세상을 지향하는 방향이 수동적이다.

- 정신에너지인 리비도가 주관적 세계로 지향
- 자기 안쪽으로 에너지를 써서 안에서 숙고하고 가지고 있는 경향

- 깊이 있는 대인관계를 유지하며 조용하고 신중하며 이해한 다음에 경험
- 많은 사람과 두루두루 관계를 맺기보다는 소수의 사람과 친밀한 관계를 맺음
- 사람을 만나고 오면 피곤해하고 오히려 혼자만의 휴식을 즐기는 경우
- 외부대상에 대한 자신의 성찰로부터 영향을 받기 때문에 대상 그 자체가 중요하지 않고 그것이 어떻게 자신의 심리에 관계되는지에 달려 있음
- 스트레스를 받거나 힘든 일이 있을 때 주로 혼자 있으면 스트레스가 잘 풀린다고 함

※ 겉으로 볼 때 외향형은 행동을 많이 하고 내향형은 조용해 보여서 외향형의 에너지가 많다고 생각되지만 내향형의 에너지가 적다고 볼 수 없다. 단지 에너지가 자기 자신 내부로 향하기 때문에 겉으로 에너지가 높아 보이는 활동에서 잘 관찰되지 않을 뿐이지 내향형도 자기 내부에 굉장히 많은 주의집중을 하고 내부로 많은 에너지를 쏟는다고 볼 수 있다.

질문	외향성(E)	내향성(I)
1. 나의 심리적 에너지가 어디로 흐르는가?	외부, 사람	내부, 자기 자신
2. 나를 활력 있게 만드는 것은 무엇인가?	다른 사람과의 교제	혼자만의 사색
3. 어디에 내 에너지를 집중하는가?	사람들에 대한 외부 세계	생각과 사색에 대한 내면세계
4. 사람들 앞에 나를 드러낼 때 얼마나 편안한가?	편안한 편	불편한 편

2. 자아의 기능 : 사고형(Thinking, 싱킹형), 감정형(Feeling, 필링형), 감각형(Sensing, 센싱형), 직관형(iNtuition, 인투이션형)

융은 외향성과 내향성이라고 해서 사람이 다 똑같지 않음을 발견한다. 특히 합리적 혹은 비합리적 차원에서 다른 점을 주목하고 그 심리적 기능을 사고, 감정, 감각, 직관이라는 4가지로 구분하였다. 심리기능 즉 자아의 기능은 정보를 인식하는 방식에서의 경향성과 그 인식된 정보를 가지고 판단을 내릴 때 쓰는 기능의 선호이다. 정보를 어떻게 인식하는가에 따라 감각형과 직관형으로, 의사결정을 어떻게 내리는가에 따라 사고형과 감정형으로 나뉜다.

"인식기능(SN) : 정보를 인식하는 방식에서의 경향성"

감각형(Sensing)

- 오감(시청촉후미)에 의존하여 실제 경험을 중시하며 지금, 현재에 초점을 맞추어 살아가고자 함
- 오감으로 받아들인 정보를 더 사실적이고 구체적으로 정확하게 정보를 인식
- 실제적이며 정확한 것을 좋아하고 관찰 능력이 뛰어나서 상세한 것까지 기억을 잘하는 편임
- 사과를 보았을 때 맛있다, 빨갛다, 동그랗다, 먹고 싶다 등의 오감에 관련된 내용을 파악
- 정보가 주어졌을 때 내가 보고 듣고 먹고 만지고 등의 오감에 의존하

여 정보를 인식

• 나무를 봄, 부분 부분의 디테일을 중요시

직관형(iNtuition)

• 오감에만 의존하지 않고 자신의 촉과 육감 내지는 영감에 의존함
• 미래지향적이고 가능성과 의미를 추구함
• 받아들인 정보로 향후에 어떤 흐름이 그려질지에 대해 관심을 가짐
• 다양한 아이디어를 가지고 있으며 신속하고 비약적으로 일을 처리함
• 사과를 보았을 때 백설공주, 스티브 잡스, 아담과 이브 등의 실제 정보가 아닌, 다른 정보를 떠올림
• 숲을 봄, 전체적 흐름과 맥락을 중요시함

질문	감각형(S)	직관형(N)
1. 정보를 어떻게 인식하는가?	오감으로	육감으로
2. 정보의 무엇이 중요한가?	사실(Fact)	이면, 의도
3. 정보를 어떻게 관찰하는가?	구체적이고 세부적으로(나무)	전체적인 맥락, 흐름으로(숲)
4. 정보를 통해 무엇을 보는가?	현실을 봄	미래 가능성, 이상을 봄

"판단기능(TF) : 인식된 정보를 가지고 판단을 내릴 때 쓰는 기능의 선호"

사고형(Thinking)

- MBTI에서의 사고형은 단순히 생각하는 사고가 아니라 논리적이고 분석적이며 객관적으로 결정을 내림으로써 진위 여부와 옳고 그름을 중요시하는 사고를 말함
- 객관적 사실에 관심을 기울이며 사사로운 감정이나 인정에 얽매이기보다는 진실과 사실에 큰 관심을 갖고 원리나 원칙에 입각하여 논리적이고 분석적으로 판단하려고 함
- 문제가 생기면 문제에 대해 조목조목 묻고 따지면서 진단하고 문제를 해결하는 데 집중함
- 갈등이 있을 때 사고형의 성향이 높으면 저 사람이 나랑 친하지만, 문제를 원리원칙으로 따져서 문제에 대한 판단을 논리적으로 하는 성향을 보이게 됨

감정형(Feeling)

- MBTI에서의 감정형은 감정적이라기보다 감성을 사용하여 사람과의 관계를 지향하고 참작하면서 결정을 내리는 것을 말함
- 사람과의 관계에 관심이 있으며 주관적인 가치와 상대방의 입장을 배려하고 내린 결정이 주변인들에게 어떤 영향을 미칠지, 주변 상황과의 조화를 고려하여 판단함
- 문제가 생기면 상대의 입장, 상대의 느낌을 고려하면서 힘들어하는 상대를 위로하고 도와주려 하는 등 관계에 집중함
- 감정형의 성향이 높으면 갈등이 있을 때 갈등을 일으킨 사람과의 관계를 생각하고 '나랑 친한 사람일 경우 갈등을 일으켰지만, 나랑 친하

니까 잘 지내기 위해 넘어가자'는 성향을 보이게 됨

질문	사고형(T)	감정형(F)
1. 의사결정을 어떻게 내리는가?	논리적이고 객관적으로	감성적이고 주관적으로
2. 의사결정을 할 때 고려하는 사항은 무엇인가?	옳고 그름, 객관적 사실	사람, 주변 상황
3. 문제가 생기면 무엇에 집중하는가?	문제를 해결하는 데 집중	관계에 집중
4. 갈등이 있을 때 어떻게 해결하는가?	원리원칙, 분석	나와의 관계, 인정

3. 생활양식 : 판단형(Judging), 인식형(Perceiving)

앞서 이야기한 데로 융은 심리적 유형을 자아성향 즉 태도와 정신기능이라는 두 가지 잣대로 성격을 분류하였다. 이후 캐서린 브릭스와 이사벨 마이어스는 자신들의 경험을 통해 모은 연구로 융의 선호지표에 하나를 더했다. 이는 경험적으로 찾아낸 지표로서 판단형과 인식형이라는 생활양식(Life style)이다. 이는 그동안의 외향과 내향, 감각과 직관, 사고와 감정이 어떻게 삶으로 드러나는지에 대한 지표로, 외부 세계에 대한 태도나 적응에 있어 선호하는 대처양식이다.

"생활양식(JP) : 외부 세계에 대한 태도나 적응에 있어서의 선호"

판단형(Judging)

- 외부 세계를 구조화하고 체계화해서 살아감
- 분명한 목적과 방향을 가지고 행동하고자 하며 계획을 잘 짜며 신속하게 의사결정을 하고 체계적인 생활을 하는 편임
- 계획표를 잘 짜고 그 계획에 입각해서 생활을 질서 있게 해 나가며 계획대로 될 때 안정감을 느끼고 정해진 대로 움직이는 것을 편하게 생각함
- 계획한 대로 일을 마무리하고 완성하는 것에 초점을 둠
- 여행을 갈 경우 판단형의 사람들은 여행에 대한 계획을 미리 잘 짜놓고 계획한 대로 움직이기를 원함
- 공부할 때 시험이나 과제를 미리 잘 계획해서 잘 준비해 나감(조기착수)

인식형(Perceiving)

- 외부 세계에 순간순간 적응해나가는 삶
- 목적과 방향에 대해 변화의 가능성을 열어놓고 상황에 따라 융통성 있게 행동하며 개방성과 포용성을 가지고 여유롭게 생활하는 편임
- 어떤 특정한 것을 짜놓지 않고 그냥 생활하는 대로 여유롭게 그 상황에 따라 즐기기를 원함
- 답을 정해 놓거나 경계를 정하지 않고 상황에 따라 바뀔 수 있는 여지를 둠
- 여행을 별로 준비하지 않고 일단 가서 상황에 따라 태도를 달리하며 계획이 없는 사람처럼 보임

• 공부할 때 막판에 아주 집중해서 벼락치기로 해결함(임박착수)

질문	판단형(J)	인식형(P)
1. 생활습관이 어떠한가?	계획을 충실하게 세움	개방적으로 계속 받아들임
2. 이행양식이 어떠한가?	계획한 대로 밀고 나감	상황에 따라 맞춤
3. 결론을 어떻게 내리는가?	신속하게 빠르게 결론 내림	판단을 계속 유보함
4. 무엇을 존중하는가?	권위를 인정, 규칙성, 통제와 조정	자율성, 융통성, 수용과 이해

MBTI 검사 시 유의할 점

MBTI 검사에 대해 이야기해 보자. MBTI 검사를 할 때는 지금부터 안내하는 사항들을 유념할 필요가 있다. 첫째 MBTI 검사는 기본적으로 인간의 성격을 파악하는 검사이다. 내가 편안해서 이 유형으로 살고 있는지 아니면 환경의 요구에 의해 사용하고 있는지를 볼 수 있다. 이처럼 MBTI 검사는 성격에서 개인이 선천적으로 가지고 태어나는 선호도를 중요시하고 있다. 내가 태어날 때 선천적으로 내성적인 사람인지, 아니면 내가 좀 외향적이고 활발한 사람인지를 본다. 그래서 점수가 좋고 나쁨이 없다. 점수는 좋고 나쁜 게 아니라 선호성의 빈도 즉 내가 갖고 태어나는 어떤 성향이 있는데 내가 그 성향을 많이 쓰고 있는지 적게 쓰고 있는지 선호성의 빈도를 나타내 주고 있다. 검사를 한 후 지표들이 다 쌍으로 나왔을 때 외향형이라고 해서 100% 다 외향형인 면만 있는 것은 아니다. 외향형의 빈도가 높다는 것이지 어떨 때는 내향형의 특성을 보일 수도 있다. 따라서 모든 사람이 양쪽의 특성이 있기는 하지만 더 많이 쓰는 선호도 내가 태어날 때부터 더 많이 선호하는 타입이 있다는 것을 유념해야 한다.

둘째 MBTI 검사를 하다 보면 MBTI가 마치 절대적으로 돼서 저 사람은

ENFJ, 이 사람은 ESTJ 이런 식으로 그냥 막 진단을 탁탁 내리는 경우가 있다. 마이어스와 브리그스도 사람들을 유형 속에 가두는 것을 염려했다. 고로 MBTI는 만병통치약이 아니다. 성격에 대한 결론을 내려주는 틀이 아니다. MBTI 검사자는 피검자의 유형을 결정해 주는 사람이 아니라 피검자가 자신의 선호를 파악하고 그것을 신뢰하도록 하는 가이드의 역할을 해야 한다. 피검자가 자신의 유형에 대해 물어볼 때는 '그래서 선생님은 자신이 어떤 유형이라고 생각하세요?'라고 질문을 되돌려 줘야 한다. 만약 해석자 혹은 MBTI 전문가가 피검자의 유형을 결정해 주면 피검자는 계속 'denial'을 하기 때문에 유형 선택의 몫은 오롯이 피검자 '자기 자신'이라는 것을 안내해야 한다.

셋째 MBTI 검사를 한 후 '당신은 이런 성격이야', '당신은 바꿀 수 없어', '이런 성격이거든요'. 이런 표현을 하는 분들이 있다. 실제 있다. 특히 MBTI 검사만 몇 개 하고 나서 워크숍에 다녀온 뒤 MBTI 결과를 거의 절대화해서 신성하게 여기는 경우가 있다. 제대로 된 심리검사를 할 때는 '풀 배터리검사(종합심리검사, Full Battery Assessments)'를 해야 한다. 그러나 MBTI 검사는 풀 배터리 검사 안에 포함된 검사가 아니다. 그렇기 때문에 MBTI 검사는 진단을 내리는 축이나 능력을 평가하는 검사이기보다 다른 사람을 이해하고 그 사람의 강점을 보는 데 사용하는 것이 바람직하다. 다시 말해 MBTI 검사는 '내가 전문가이고 당신은 이것이다'라는 식의 성격을 진단내리고 평가해서 그 결과를 절대적으로 신성시하는 검사가 결코 아니다.

넷째 MBTI 검사는 달라질 수 있다. 성격은 콘크리트처럼 딱 틀에 박혀 변하지 않는 고정적인 것이 아니다. 사람의 선호나 경향성은 충분히 바

뛸 수 있다. 이러한 점에서 MBTI 검사는 한계가 있다. MBTI 검사는 심리검사의 기준이 되는 신뢰도(반복검사 시 점수가 일관되게 나오는지 여부)와 타당도(질문 문항이 유형 판단에 타당한지 여부) 면에서 충분한 근거를 갖춘 검사가 아니기 때문에 검사 결과에 대해 하나의 선호도 혹은 경향성 측면으로 보고 자신을 이해하는 데 있어 좀 더 폭을 넓히는 데 의미를 두어야 한다. 생각해 보면 MBTI 검사는 우리나라가 만든 것이 아니다. MBTI를 한국판으로 변환해서 우리가 쓰고 있는 것이다. MBTI는 우리나라뿐 아니라 전 세계적으로 가장 대중적인 검사 중 하나이다. 심리학회에서나 임상심리자들의 말로는 MBTI가 신뢰도나 타당도가 없다고 하지만 사실 그동안 축적해온 데이터들은 상당할 것이라 본다. 그래서 MBTI는 지금도 개발되고 발전되고 있다고 할 수 있다.

다섯째 MBTI 검사는 어떤 부분이 다른 부분보다 우월한 것이 아니다. 왜냐하면, 검사자가 수검자에게 좋은 것만 얘기했는데도 불구하고 '나는 이런 부분이 부족했구나', '그래서 열등했구나'라고 받아들일 수 있다. 앞서 알아본 것처럼 검사의 지표에는 4가지가 있다. 각 쌍으로 4가지이며 대극을 이루고 있다. MBTI는 대극이론이며 상대적이다. 그렇다고 해서 사고형은 논리적이고 감정형은 비논리적이라는 말이 아니다. MBTI에서의 대극의 개념은 수평적인 위치에서 다 긍정적인 자기 선호의 패턴이 있다는 것으로 보아야 한다. 가장 편안한 것이 있지만 대극의 관점에서 가장 힘든 것이 있다. 따라서 어느 한쪽이 우월하고 다른 한쪽이 열등한 부분을 얘기하는 것이 아니라 수검자가 이런 선호가 있고 반대 측면에서 볼 때 좀 더 성장할 수 있는 지점이 있다는 것으로 알려주어야 한다.

여섯째 수검자가 MBTI 검사를 할 때 지문을 잘 이해하시 못하는 경우가 있다. 그럴 때 검사자가 해석해 주는 것을 지양해야 한다. 검사자가 지문의 내용을 오염시킬 우려가 있기 때문이다. 기본적으로 검사자는 수검자에 비해 훨씬 우월한 입장에 있기 때문에 수검자들은 사실 검사하고 있을 때 검사자가 표현한 것에 대해 많은 영향을 받을 수 있다. 그래서 검사자는 지문에 대한 별도의 해석이나 설명을 삼가야 하고 질문이 왔을 때는 '선생님이 이해한 대로 체크해 주시면 됩니다'라고 안내해 주면 된다.

일곱 번째 수검자의 상황에 따라 검사를 피하고 다음으로 미뤄야 하는 경우도 있다. 가령 생활의 극심한 변화, 즉 이혼, 배우자 사망, 이별, 큰 병 등의 경우 심리적으로 매우 불안정하기 때문에 신뢰성 있는 결과를 보기 어렵다. 또 어떤 특정한 조건에서 검사를 받는 것도 부적절하다. 만약에 어떤 회사가 신입사원 채용 시 우리 회사는 활동적이고 열정적으로 뭔가를 해내야 하는 일과 직접 맞아떨어지는 사람이 필요하다고 했을 때 상당히 내향적인 사람이라도 회사가 원하는 유형으로 체크할 수 있다. MBTI 검사는 자기보고식 검사라서 환경에 큰 영향이 있을 때는 검사에 왜곡이 일어날 수 있다.

여덟 번째 MBTI 검사 시간제한이 없다. 그런데 여기에는 함정이 있다. 한 문항을 너무 오래 생각하다가 방어기제가 올라와 내가 좀 더 바라는 이상적인 모습, 내가 되고 싶은 무엇으로 체킹할 수 있는 지점이 생길 수 있기 때문이다. 그래서 너무 시간을 많이 허비하거나 오랜 생각을 하는 것보다 좀 더 내게 자연스럽고 편안하게 느껴지는 쪽을 선택하는 것이 자신의 타고난 선호를 찾는 올바른 문항선택에 훨씬 도움이 된다. 또한, 의식적으로 일관성 있게 응답할 필요는 없다. 내가 평소 자주 행동하는 경향과 가깝게 생각되는 것을 체크해 주면 된다. 아까 외향으로 써놨으니까 다음 문항도 외향으로 체크하는 기계적인 태도도 바람직하지 않다. 사람은 어떤 사물의 구조처럼 일정하지 않다. 3년을 만났어도 10년을 보았어도 결혼하고 나면 다른 사람이 되는 측면이 있다. '이게 그동안 내가 알아 온 사람이 맞나?' 싶을 정도로 알쏭달쏭하고 일관성이 없는 측면이 인간에게는 많다. 융은 이러한 '그림자'적인 측면을 통해 사람을 전체적으로 이해하는 것을 중요하게 여겼다. MBTI 검사를 통해 사람이 항시 일관성 있게 나타나지는 않는다는 것을 안 것만으로도 많은 깨달음을 얻은 그것으로 생각한다.

아홉 번째 검사를 할 때 자신이 바라는 어떤 이상향이 아니라 현재 자신이 하고 있는 행동, 선호하고 있는 방향을 체크해 주는 것이 좀 더 검사의 정확도를 높일 수 있다. 내가 생각할 때는 이상향으로 많이 표현될 수 있지만 내가 행동하는 것은 마음이 외부로 나오는 지점이기에 내가 어떻게 행동하는가를 보면 마음이 어떻게 드러나고 있는지를 알 수 있다. 따라서 행동이라는 것은 사람의 마음을 확인할 수 있는 좋은 지표가 된다.

마지막으로 MBTI는 내적 심리건강의 균형을 알아보기 위한 검사가 아니라는 점이다. 오히려 자신의 선호가 분명하게 나타나야 한다. MBTI에서 '중용' 이전에 '선호'를 찾아야 한다. 내가 어느 쪽을 더 선호하는지를 먼저 파악하고 반대 지점의 대극 차원에서 내가 이런 점을 힘들어한다는 것을 알고 난 후 균형으로 나아가야 한다. 따라서 검사를 통해 자기성향대로 멋지게 살고 있는지 아니면 환경의 외압 때문에 억지로 하고 있는지를 보는 것이 중요하다. 이상과 같은 점들을 유념하여 MBTI 검사를 실시 혹은 안내한다면 피검자에게 있어 가장 명확한 검사 결과를 얻을 수 있을 것이라 기대한다.

제2장

MBTI 16가지 유형

이제 MBTI에서 가장 큰 비중을 두고 있는 16가지 유형에 대해 알아보자. 사실 MBTI를 접하고 MBTI에 대한 연구 혹은 교육을 받아본 사람이라면 가장 기억에 남지 않는 대목이 바로 이 16가지 유형에 대한 이야기일 것이다. 실제 MBTI 교육과정을 모두 수료하고 강의를 하고 있는 전문가

【MBTI 16가지 유형】

들도 MBTI 유형 하나하나에 대해 물어본다면 제대로 특징을 잡아서 명확하게 이야기할 수 있는 사람이 몇이나 될까 싶다.

　필자 역시 이 책을 저술하면서 MBTI에 대해 가장 고민했던 부분이 바로 이 16가지 유형에 대한 설명이다. 외국에서 건너온 MBTI란 낯선 이름과 영어 약자로 표기된 선호지표에 따른 각 쌍의 대극으로 만들어진 MBTI 각각의 유형에 대한 특징들이 머릿속에 익숙해지고 정립되기까지는 여간 힘든 게 아닐 것이다. 그럼에도 불구하고 우리는 이 낯선 MBTI 유형들에 대한 설명들을 충분히 이해해야만 한다. 그것은 MBTI의 각 유형 하나하나가 서로 다른 분명한 차이 즉 '개별성'을 가지고 있기 때문이다. 어떤 MBTI 강의자들은 MBTI 유형 설명에 들어가기 전 MBTI의 선호지표에 대한 설명에만 너무 치우쳐 정작, 이 MBTI 16가지 유형에 대해서는 대강 설명하고 넘어가는 경우가 있는데 나는 이런 강의 방식이 MBTI를 처음 접하는 사람들에게 결코 도움이 되지 않는다고 생각한다. 물론 16가지 MBTI 유형을 만들어 내는 근간이 MBTI 선호지표라는 것은 사실이고 MBTI의 성격 유형을 만들어 내는 데 있어 중요한 방점이 '타고난 선호'라는 것은 틀림없는 사실이다. 그렇다 하더라도 그런 타고난 인간의 선호와 선호지표들에 따른 각 쌍의 대극을 통해 MBTI의 유형들이 나왔다면 이제 MBTI 유형 하나하나에 대해 명확하게 안내해 줄 필요가 있고 적어도 ESTJ와 ENTJ, ISTP와 ISFP 등의 코드가 비슷한 유형들이 서로 어떻게 다른지는 헷갈리지 않도록 분명하게 구분해 주어야 한다고 본다. 왜냐하면, 내가 MBTI 16가지 유형 중 한 유형이 나왔을 때 그 유형에 대한 명확한 이해와 나머지 15가지 유형의 차이를 알고 비교할 수 있는 자각이 생겼을 때 그것이 진정한 '나나움'을 이해한 것이기 때문이다. 해서 지금부터 이 MBTI 16가지 유형들에 대해 특별히 공을 들여 구체적이고 상세한 이야기를 하고자 하니 자신의 유형이든지 아니든지 주의를 기울여 내용을 잘 살펴보기 바란다.

MBTI라는 단어와 16가지 영어로 붙여진 유형 이름도 기억하기 힘든데 어떻게 16가지나 되는 MBTI 유형들을 이해하고 구분할 수 있을까? 이 MBTI 유형들에게 붙여진 영어 이름에 그 답이 있다. 혹자는 이 MBTI 유형들에게 영어로 붙여진 코드 이름이 잘 새겨지지 않아서 별칭(INFP-인프피 등)으로 외우는 경우가 있는데 이는 그 유형을 명확히 이해하는 데 혼란을 줄 수 있다. 그것은 자칫 MBTI 각 유형이 가진 정체성과 같은 본연의 색깔을 잃어버리는 함정이 될 수 있다. MBTI 유형의 이름에 따로 별명이 붙여진 것(ISTJ-세상의 소금형 등)은 어디까지나 MBTI 유형들에 대한 이해를 쉽게 접근하기 위한 것이다. 또 유형에 대한 별명 하나로 유형에 대한 모든 특징을 다 담을 수 없다.

따라서 MBTI 유형들의 이름을 외울 때는 MBTI 유형에 영어로 붙여진 고유의 이름을 함께 외워 각 유형에 대한 편견을 갖지 않도록 하는 것이 가장 바람직하다. 왜냐하면, MBTI 유형의 영어 이름들은 모두 각 유형이 가진 정체성을 이해할 수 있도록 '매트릭스'의 기호처럼 각 사람의 성격을 상징하고 있는 차별화된 코드이기 때문이다. 예를 들어 ISTJ 유형을 이해해 보자. I는 내향형, S는 감각형, T는 사고형, J는 판단형이다. 기본적으로 에너지를 안으로 쓰는 사람이고 정보를 있는 그대로의 사실로 받아들이며 감정에 휘둘리지 않고 객관적으로 의사결정을 하고 계획한 일은 성실히 마무리하는 사람이라고 이해할 수 있다. 이렇게 유형에 대한 각 코드의 속성만 제대로 숙지하더라도 기본적인 유형의 특징은 감을 잡을 수가 있다. 그리고 여기에 더 나아가 유형의 코드별 조합을 통해 좀 더 세부적인 특징을 끌어내야 한다. 'ISTJ'의 경우 'IS, ST, SJ, IJ' 정도로 조합이 될 수 있다. 이것은 MBTI의 16가지 성격 유형을 이해하기 위해 MBTI 유형 도표를 펼쳐 놓고 각 유형의 조합으로 이해하는 방식이다. 예를 들어 유형 도표의 가로 열은 '태도의 조합'이며 세로 열은 '심리기능의 조합'이고 십자형의 '4분할'과 가로와 세로 열의 '기질'로도 볼 수 있다.

따라서 위와 같은 각 유형의 조합을 통해 MBTI 유형들의 서로 다른 분명한 차이를 구분하며 유형별 상세한 특징들을 다각적으로 설명할 수 있게 되는 것이다.

ST	SF	NF	NT

IJ
IP
EP
EJ

IS	IN
ES	EN

SJ	NF	NT
SP		
SJ		

【MBTI 심리기능, 태도지표, 사분할, 4기질】

1. 심리기능(ST, SF, NF, NT)

ST

인식을 위해 감각을 사용하고 판단을 주로 사고에 의존하는 실질적이고 사실적인 유형으로 사건에 관련된 것이나 업무에 대한 책임을 중요시한다. 이들의 주요 관심사는 사실에 초점이 맞춰져 있고 자신이 신뢰하는 것이 사고이기 때문에 원인에서 결과에 이르기까지 논리적이고 객관적인 분석으로 사실에 관한 결정에 이른다.

SF

ST처럼 인식을 감각에 의존하지만, 판단을 내릴 때는 감정을 선호하는 동정적이고 우호적인 유형으로 인간성에 키워드를 두고 있다. 사람에 관련된 정보에 관심이 많고 사람에 대한 책임을 중요시한다. 이들은 자신의 개인적인 가치체계에 기초한 주관성을 가지고 결정에 접근한다.

NF

인식하는 데 있어 직관을 사용하고 결론에 도달할 때는 감정을 선호하는 열정적이고 통찰적인 유형으로 들어오는 정보가 직관의 정보로 들어와 미래에 대한 가능성을 두고 사람에 대한 진실성, 진정성에 키워드를 가지고 있다. 주변 사람들을 촉진하는 촉진자로서 나는 누구이며 왜 사는가 등의 존재, 영성에 대한 탐구로 자아탐색과 자아성장을 위한 심도 있는 공부를 원한다.

NT

NF처럼 인식에 있어 직관을 선호하지만, 판단에 있어서는 사고의 객관성을 선호하는 논리적이고 창의적인 유형으로 진리라는 키워드를 가지고 있다. 이들은 진리를 찾는 사람들로서 따져 보고 물어가며 배움으로써 복잡하게 얽혀 있는 광범위한 영역을 자기만의 논리로 개척하며 특별하게 관심을 가진 영역에서 문제를 해결하길 원한다.

2. 태도지표(IJ, IP, EP, EJ)

IJ

유형 도표의 가로 첫 줄에 위치하고 있는 유형으로서 하고 있는 것을 안전하게 유지하려 하고 진지라는 키워드로 유연함이 부족하다. 내향 인식기능을 주기능으로, 외향 판단기능을 부기능으로 가지면서 부기능인 사고나 감정 판단기능을 외부로 사용하기 때문에 변화에 저항하는 모습이 있다.

IP

유형 도표의 가로 두 번째 열에 위치하고 있는 유형으로서 속도가 가장 느리며 관조라는 키워드로 묻어가기를 좋아하고 웬만하면 수용하나 고집이 강하다. 내향 판단기능을 주기능으로, 외향 인식기능을 부기능으로 가지면서 주기능인 판단기능이 성격의 중심이기 때문에 중요한 주제에 흔들리지 않는 모습이 있다.

EP

유형 도표의 가로 세 번째 열에 위치하고 있는 유형으로서 새로운 것을 시도하며 활동, 탐험이라는 키워드로 끝마무리가 잘 안 되고 마무리 짓기 전 새로운 것을 시작한다. 외향 인식기능을 주기능으로, 내향 판단기능을 부기능으로 가지면서 IP보다 새로운 외부 상황에 빨리 적응하고 외부세계와 상호작용하는 자신에 대해 낙관적이다.

EJ

유형 도표의 가로 네 번째 열에 위치하고 있는 유형으로, 속도가 가장 빠르며 추진이라는 키워드로 시작부터 끝마무리까지 가장 속도가 빠르다. 외향 판단기능을 주기능으로, 내향 인식기능을 부기능으로 가지고 있으면서 주기능인 판단기능이 부기능인 인식기능보다 더 설득력이 있기 때문에 결정이나 결론에 집착하지 않는 것이 어려운 일이다.

3. 사분할(IS, IN, ES, EN)

IS

사려 깊은 현실가로 유지·보존에 키워드를 두고 있고 공무원 집단이 많으며 일의 반복과 안정을 중요시한다. 감각을 지니고 있는 내향형들로 아이디어와 사실에 관해 검토함으로써 이것들을 검증하고자 하며 조심스럽게 서두르지 않고 실제적이고 현실적인 것을 다루기를 좋아한다.

IN

사려 깊은 개혁가로 생각에 키워드를 두고 있고 내가 충분히 준비되어야 하는 것을 중요시한다. 직관을 지니고 있는 내향형들로 내성적이고 학문적이며 아이디어나 이론에 대한 이해의 깊이만이 아니라 지식 그 자체에 관심을 기울이면서 세상 속의 성취보다 이론의 복잡성을 더 선호한다.

ES

행동 지향적인 현실가로 실천에 키워드를 두고 있고 말만 앞서기보다 몸으로 부딪치는 것을 중요시한다. 감각 외향형들로 활동적이고 현실적인 행동자이면서 유형들 가운데 가장 실용적이고 물질적인 세계를 즐기면서 실용과 실리적인 측면 모두를 고려한다.

EN

행동 지향적인 개혁가로 변화에 키워드를 두고 있고 개혁과 뜯어 고치자는 혁명을 중요시한다. 직관을 지닌 외향형들로 변화 추구자들이다. 어떤 새로운 일이나 사건들을 도전과 가능성으로 받아들이며 관심의 폭이 넓고 새로운 패턴과 양식을 찾는 것을 좋아한다.

MBTI 기능별 비교			
EJ	이끄는 에너지, 속도가 가장 빠름	IP	따라가는 에너지, 속도가 가장 느림
EP	아이디어 실천, 소비	IP	아이디어 수집, 저장
EJ	진보적 성향	IJ	보수적 성향
ES	현재 경험	IS	과거 경험
EF	개인 〈 타인, 넓은 관계	IF	개인 〉 타인, 친밀한 관계
ET	조직을 통제, 개혁적 사고	IT	자기를 분석, 진지한 사고
EN	새로움·변화를 추구	IN	내적 가치를 추구
ST	문제 해결 지향	SF	사람관계 지향
NT	지식을 탐구	NF	인간을 탐구
SJ	계획적이고 바쁜 삶	SP	즉흥적이고 여유로운 삶
NJ	비전을 성취	NP	세상을 탐험
TJ	계획적 사고	TP	적응적 사고
FJ	충실한 관계	FP	유연한 관계

ISTJ

원칙가, 청렴결백, 바른생활

....

주기능 : 감각(Si), 부기능 : 사고(Te), 3차 기능 : 감정(F), 열등기능 : 직관(Ne)

"대한민국 25% ISTJ"

ISTJ 유형에 대해 알아보자. ISTJ는 우리나라에서 가장 많이 나타나는 유형으로 알려져 있다. 필자의 소견으로 ISTJ 유형은 굉장히 한국적인 유형으로 보인다. 일단 한국 사람들은 조용하다. 말이 없다. 신중하다. 그래서 상당히 내성적인 I 성향이 다분하다. 비근한 예로 학교수업문화를 들 수 있는데 학교에서 손을 들어

〈신사임당〉

질문하거나 선생님에게 찾아가 모르는 것을 물어보는 것이 상당히 낯설다. 흔히 '네네' 병에 걸려 온순하고 순종적인 모습이 미덕으로 알려질 만큼 우리나라의 문화는 전통적으로 상당히 보수적인 성향이 강하다. 또 모험적으로 새로운 것에 적응하기보다 익숙한 것과 안전에 매우 민감하다.

아마도 우리나라 역사에서 빈번하게 있었던 침략과 전쟁, 임진왜란부터 6·25사변에 이르기까지 여러 전쟁의 아픔과 고비를 넘긴 나라이기에 지극히 사실적이고 현실적인 것을 믿는 S 성향이 강한 것으로 보인다.

또한, 우리나라 사람들은 '학구열' 내지는 '교육열'이 굉장히 높은 나라 중 하나다. OECD 학업성취도 조사에 의하면 우리나라 평균 학습 시간은 교육선진국인 핀란드(4시간)의 두 배로 약 9시간이고, 특히 한국 엄마들의 자식에 대한 교육열이 매우 높아 공교육보다 사교육을 더 많이 시키는 나라로 알려져 있다. 그래서인지 자연스럽게 논리와 수학적인 사고를 하는 T 성향이 발달할 수밖에 없고, 특히 고등학교부터 대학 수능을 목표로 입시교육에 치우쳐 거의 공부하는 기계가 되지 않고서는 원하는 대학에 들어갈 수 없는 현실이다.

마지막으로 한국 사람에게 가장 많이 붙는 수식어는 '빨리빨리' 문화다. 외국인들에게 물어보면 우리나라 사람들은 상당히 급하고 여유가 없어 보인다고 한다. 그리고 다른 나라에 비해 땅덩어리가 작고 인구수는 적지만 누구에게도 밀리고 싶지 않은 '승부욕'과 '자존감'이 강한 나라로 알려져 있다. 그도 그럴 것이 과거에 비해 현 시대적 흐름을 보더라도 '한류열풍'은 꾸준히 증가하여 왔다. 과거 1988년 서울올림픽을 기점으로 체육계에서 시작된 한국의 아이콘은 이제 영화, 드라마, 음악의 모든 장르에 자부심을 가질 만큼 놀라운 성과를 거두고 있다. 그런데 이러한 성과들은 하루아침에 된 것이 아니라 사실 한국의 '준비성'과 '계획성'이라는 J 성향의 성실하고 꾸준한 노력에 있는 것으로 보인다. 얼마 전 영국《가디언》의 인터뷰에서 아카데미 여우조연상을 수상한 자랑스러운 한국의 여배우 '윤여정' 씨가 "한국 영화는 원래부터 좋았다, 세계가 이제야 주목하는 것일 뿐"이라고 했던 말은 한국이 얼마나 부단히 노력하는 끈기 있는 나라인지 알 수 있는 대목이다. 이처럼 ISTJ가 온통 한국의 집단무의식을 대표하는 성향으로 느껴질 만큼 우리에게 너무나 친숙해서 우리나라 사람들 25%가 ISTJ 성향으로 나오는 것이 아닐까 하는 생각이 든다.

"소금처럼 세상에 꼭 필요한 사람"

ISTJ 유형들을 '세상의 소금형'이라고 부른다. 어떤 음식이든 '소금'이 들어가야 맛이 나듯이 이들은 세상에서 소금처럼 꼭 필요한 사람들이다. 그 이유가 무엇일까? 우리는 어떤 일을 하든 그 일에 대한 '올바른 원칙'이 필요하다. 원칙이 없이 일을 진행하다 보면 나중에 무슨 일이 벌어질까? 사고가 난다. 백화점이 무너지고 다리가 붕괴하고 배가 침몰하는 등의 대형 사고들은 모두 원칙을 무시한 참담한 결과들이다. 원칙은 세상에서 꼭 필요한 소금과 같다. 또 소금은 하얗고 고대로부터 매우 깨끗한 물질로 알려져 있다. 그래서 ISTJ 유형들은 양심적이고 아주 청렴결백하다. 털어도 먼지 하나 나오지 않는 사람일 수 있다. 생활도 아주 모범적이고 교과서적이라서 규칙적인 생활습관으로 빈틈이 없다.

반면 소금을 너무 많이 넣으면 어떻게 될까? 음식이 짜게 돼서 먹을 수 없게 된다. 이처럼 원칙이 너무 강해지면 융통성이 없어지고 경직되기 쉽다. 삶을 살아가다 보면 때로 우회해야 할 때도 있다. 자신에게 가끔 여유와 쉼을 줌으로써 숨 고르기를 할 필요가 있다. 또 지나친 양심과 청결함은 자칫 완벽주의라는 강박에 빠져 조그만 실수와 잘못도 용납하지 못하고 자신과 타인에게 높은 도덕적 잣대를 들이대 비판적인 사람이 될 수 있다.

마지막으로 ISTJ 유형들은 시작한 일을 끝까지 마무리한다. '끝날 때까지 끝난 게 아니다'라는 말처럼 자신이 시작한 일을 마칠 때까지 성실하게 마감하는 사람들이다. ISTJ 유형들의 말은 곧 약속이다. 자신의 말에 대한 책임을 지며 자신의 지조를 끝까지 지키며 어떠한 유혹에도 쉽게 흔들리지 않는, 신뢰가 가는 사람이다.

- 양심적이고 성실하며 꼼꼼한 사람
- 구체적, 체계적, 사실적, 논리적, 현실적인 사람
- 깨끗하고 청렴결백한 사람(세상의 소금형 : 세상에 꼭 필요한 사람들)
- 개미, 표준전과, 한 상궁
- 산책하는 시간을 맞춰놓는 사람
- 교과서같이 착실한 사람
- 원칙주의, 완벽주의로 빈틈이 없는 사람
- 말에 신뢰성이 있고 약속을 철저하게 지키는 사람
- 기억력이 뛰어나고 자료에 충실한 사람
- 책임감이 있고 근면한 사람
- 정확하고 합리적인 사람
- 고난이 와도 끝까지 지조를 지키는 사람
- 조용하고 진지한 성품의 보수적인 경향
- 정형화된 것을 반복하고 모험을 싫어하는 경향
- 새로운 도전보다는 익숙한 환경을 선호
- 주어진 일에 자기희생적인 사람

- 시작한 일을 마감, 마침표를 찍어 마무리하는 사람
- 모범생으로 규칙적인 생활습관을 가진 사람
- 걸어 다니는 육법전서, 틀릴 일이 거의 없음
- 매사에 철저하고 빈틈없는 사람
- 확인하고 또 확인하는 경향
- 경직되는 것을 주의, 융통성이 부족
- 주요인물 : '신사임당'

ISTJ의 기도

'주님, 제가 사소한 일에 연연하지 않도록 도우소서.
그리고 제가 아침 6시 41분 23초에 일어날 수 있도록 해 주소서.'

ISFJ

수호자, 현모양처, 숨은 권력자

....

주기능 : 감각(Si), 부기능 : 감정(Fe), 3차 기능 : 사고(T), 열등기능 : 직관(Ne)

"비슷해 보이지만 다른 유형"

ISFJ 유형에 대해 알아보자. 앞서 가장 먼저 살펴본 ISTJ 유형과 ISFJ 유형이 다른 가장 큰 차이는 무엇이라 생각하는가? 이쯤 되면 벌써 알아차렸을 것이라 본다. 그렇다. 바로 세 번째 코드인 T가 F로 바뀌었다는 점이다. 우리는 여기서 두 가지 사실을 이해하고 넘어가야만 한다. 하나는 MBTI 유형들의 변이가 코드의 변

〈엘리자베스 2세〉

화로 달라진다는 점과 또 하나는 이러한 코드의 변화로 인해 서로 다른 성격을 가진 인간이 될 수 있다는 것이다. 필자는 MBTI를 공부하면서 바로 이러한 점이 매우 흥미로웠다. 그것은 인간이 다 비슷비슷한 것 같지만 사실은 아주 작은 부분에서의 미묘한 차이가 그 사람의 독특한 성향을

만들 수 있다는 점이었다.

필자는 신의 존재와 신의 역사를 믿는다. 만약 신이 없다면 어떻게 세상의 모든 인간이 똑같은 '사지(四肢)'와 몸의 구조를 가질 수 있단 말인가? 이것은 부모가 자녀를 낳기 이전부터 신의 정교한 설계 아래 인간이 창조되었음을 알 수 있는 분명한 증거라고 생각한다. 다시 말해 신은 인간을 창조할 때부터 모든 인간을 동일한 구조로 만들었다는 것이다. 그리고 부모의 몸을 통해 인간을 세상 밖에 나오게 한 것은 그 누구도 다른 변형을 일으키지 못하게 하여 신의 설계대로 인간이 태어나도록 한 신의 섭리일 것이다. 여하튼 이렇게 태어난 신체도 자세히 살펴보면 생김새가 사뭇 다른 지점들이 있다. 예를 들어 사람의 얼굴을 보더라도 눈, 코, 입, 귀 등의 얼굴 주요 부위를 관찰해볼 때 그 생김새가 조금씩 다른 것을 알 수 있다. 이러한 얼굴의 미묘한 차이에 의해 우리는 각자의 독특한 얼굴과 생김새를 가짐으로써 남과 분명히 다른 존재로 살아갈 수가 있게 된다. MBTI도 마찬가지다. 얼굴의 눈, 코, 입, 귀와 같이 16가지의 모든 유형이 동일한 4개의 코드를 가지고 있지만, 코드의 변이 때문에 각 유형의 색과 특징이 달라진다는 사실이다. 그래서 유형마다 비슷해 보이지만 다르고 서로 달라 보이지만 비슷한 면들이 조금씩 섞여 있기에 우리는 이러한 미묘한 차이를 통해 MBTI 각 유형이 서로 어떻게 다른지를 구분할 수 있어야 하는 것이다.

ISFJ 유형은 ISTJ 유형과 달리 'T'가 아닌 'F'를 사용하는 사람들이다. 'T'를 사용하는 사람들은 주로 '자신의 업무와 일'에 집중하고 'F'를 사용하는 사람들은 주로 자신보다는 '타인과 주변 관계'에 신경 쓴다. 'T'의 성향을 가진 사람들은 매우 이성적, 논리적, 분석적, 객관적으로 문제에 접근하지만 'F'의 성향을 가진 사람들은 감성적, 관계적, 이타적, 주관적으로 문제를 해결하려 하기 때문에 'T'의 결정은 매우 합리적으로 보이지만 차갑고 'F'의 결정은 매우 어리석어 보이지만 따뜻하다. 또한 'ST'와 'SF'는 비슷해 보이지만 다르다. 'ST'나 'SF' 둘 다 '감각형'을 가진 사람이라는 점에서는 동일하나 그 감각을 'T'로 조합할 때와 'F'로 조합할 때가 다르다는 것이다. 감각형을 가진 사람들의 공통점은 모두 세밀하고 구체적으로 접근하는 경향이 있다. 그런데 이러한 섬세함이 무엇을 향하느냐에 따라 달라진다. 감각형 'S'가 'T'와 조합이 되면 업무와 일에 관련된 정보와 사건에 관심이 많아지고 책임감이 높아진다. 감각형 'S'가 'F'와 어우러지면 주변 관계와 사람에 관련된 정보와 사건에 관심이 많아지고 책임감이 높아진다. 따라서 'ST'를 가진 사람들은 일에 대한 책임감과 업무에 대한 문제 해결 능력이 발휘되고 'SF'를 가진 사람들은 사람에 대한 책임감과 주변 관계에 대한 문제 해결 능력이 발휘된다.

또한, ISTJ 유형과 ISFJ 유형의 다른 점은 'TJ'와 'FJ'로 볼 수 있다. 여기에서 공통점은 둘 다 마지막 자리에 'J'가 온다는 점이다. 뒷자리에 'J'가 올 경우 유형의 주기능과 관계없이 'T'와 'F'는 외부환경의 질서에 대응하려 한다. 그 이유는 'J'가 외부환경에 대처하는 생활양식으로서 기능하기 때문이다. 'J'를 가진 사람들은 자기 일에 대한 책임을 지고 끝까지 일을 성실하게 마무리 짓는 사람들이며 한번 결정한 것을 번복하지 않는 사람들이라서 조직 안에서도 중요한 권한을 가진 사람이 많다. 그런데 같은 'J'라도 앞에 'T'가 오느냐 아니면 'F'가 오느냐에 따라 달라진다. 'T'가 오게 되면 논리적이고 이성적으로 되어 'J'가 외부환경을 감정에 휘둘리지 않고 객관적으로 대처하려 하고, 'F'가 오게 되면 이타적이고 감성적으로 되어

'J'가 외부환경을 주변 상황과 타인을 고려하여 개선하려 한다. 다시 말해 'TJ'의 경우에는 합리적인 의사결정을 하여 문제에 대처하는 반면, 'FJ'의 경우 조직의 권한을 가지되 주변 상황과 타인의 입장을 고려하여 의사결정을 하고 문제에 대처하는 특징이 있다.

"조직을 수호하며 지키는 사람"

ISFJ 유형들을 '임금 뒤편의 권력형'이라고 부른다. 'IS' 성향이라서 타인을 돕되 나서서 돕기보다 뒤에서 조용히 조력하는 모습이 있다. 이것은 'I'의 내성적인 에너지 탓에 자신이 직접 드러나는 것을 꺼리는 성향 때문이다. 또 공동체를 중요시하고 자신이 어딘가에 소속되어 있는 것에 안정감을 느끼며 공동체를 수호하기 위해서라면 단호하게 행동하는 사람들이다. 이러한 점 역시 'IS'가 공동체를 '유지, 보존'하려는 습성 때문이라고 볼 수 있다. 따라서 ISFJ 유형들은 자신이 남을 돕든 공동체에 소속되어 힘을 발휘하든지 간에 자신이 전면에 나서지 않으면서 타인이나 공동체를 내세워 외부세계와 소통하는 면이 있다. 그래서 ISFJ 유형들을 공동체 안에서 '숨은 권력자'라 불리는 것이다.

- 보이지 않게 뒤에서 권력을 행사하는 사람
- 용감하게 공동체를 지키는 사람(용감한 수호자)
- 집단을 단단하게 만들고 집단에 안정감을 주는 사람
- 소속감이 유난히 강하고 소속에 대한 응집력을 구축하는 사람
- 조용하고 신중하며 자신을 잘 드러내지 않는 사람

- 위기가 닥쳤을 때 단호한 결단력과 의지를 보이는 사람
- 중요한 사람들을 뒤에서 서포트하는 사람(임금 뒤편의 권력형 : 뒤에서 조종한다는 것은 아님)
- 타인을 앞에 내세워 영향력을 끼치고 공동체를 움직이는 사람
- 타인에 대한 동정심이 많고 연민을 가진 사람
- 정서적으로 관련된 일을 쉽게 잊지 못하는 사람
- 직접 경험을 통해 터득한 지식을 활용하는 사람
- 자료를 수집하고 응용해서 결과를 증명하는 재주를 가진 사람
- 꼼꼼하게 정보를 수집하고(IS) 진지하게 고민하며(IJ) 사람들을 세워나감(SF)
- 가장 가정적인 유형이자 타고난 내조의 대가라 불림
- 대립을 싫어하고 논쟁을 피하는 사람
- 거시적이기보다 미시적인 안목을 가진 사람
- 좀 더 멀리 보고 크게 볼 수 있는 동반자가 필요
- 주장하고 명령할 수 있는 용기가 필요
- 주요인물 : '엘리자베스 2세'

ISFJ의 기도

'주님, 제가 느긋해질 수 있도록 도와주시고
또한, 그것을 아주 정확하게 지키도록 해 주소서.'

ESTJ

행정가, 외강내강, 불도저

....

주기능 : 사고(Te), 부기능 : 감각(Si), 3차 기능 : 직관(N), 열등기능 : 감정(Fi)

"보수적 내향 vs 진보적 외향"

ESTJ 유형에 대해 알아보자. MBTI 16가지 유형에서 ESTJ 유형을 정확하게 이해하려면 먼저 살펴본 ISTJ 유형이 어떤 사람이었는지를 상기할 필요가 있다. ISTJ 유형은 조용하고 진지한 성품의 보수적인 성향을 가진 사람이라고 하였다. 일을 벌이거나 기존의 것을 바꿔 새로운 모험을 시도하려 하지 않는 것이 특징이었

〈존 D. 록펠러〉

다. 한마디로 안전하고 조심성 있는 사람들이 ISTJ다. 그럼 ESTJ는 어떤가? ESTJ는 그와 반대로 보면 된다. ISTJ가 조용하고 진지한 성품이라면 ESTJ는 활발하고 정열적이며 기존의 것을 과감하게 바꿔 새로운 도전과 모험으로 일을 끊임없이 혁신해 가는 진보적인 성향을 가진 사람들이다.

왜 그럴까? 그 이유는 맨 앞에 있는 코드가 다르기 때문이다. ISTJ가 'I'의 내향적인 성품이라면 ESTJ는 'E'의 외향적인 성품을 가졌다. 내향과 외향의 코드는 MBTI에서 성격을 지탱하는 중요한 기반이자 나머지 성향을 지배적으로 이끌어가는 에너지라고 할 수 있다. 성격의 형성에 있어 주요인으로 유전적인 요소가 있고 환경의 영향에 따라 달라지는 것이 있다고 가정할 때 외향과 내향은 이미 태어날 때부터 결정되는 것으로 보인다. 또 성격이 한 그루의 나무와 같다면 외향과 내향은 나무의 뿌리와 같고 뿌리의 튼실함이 나무의 크기와 자라는 방향을 결정하듯 MBTI 유형에서 E와 I는 유형의 주기능을 결정하는 매우 중요한 요소다.

그렇다면 외향적인 성품을 가진 사람들은 기본적으로 어떤 사람들인가? 에너지가 밖으로 나간다. 개방적이고 활동적이며 적응력과 표현력이 뛰어나다. 이러한 외향의 에너지로 일을 하고 업무를 처리한다면 어떻게 될까? 아마 어떤 상황에서도 고분고분 따라가기는 힘들 것이다. 자신이 상황을 능동적으로 주도하려 하며 문제가 생겨도 방관하지 않고 적극적으로 해결하기 위해 다양한 시도를 할 것이다. 그렇다. 이렇게 외향과 내향의 에너지만 바뀌더라도 성격의 큰 차이를 불러온다는 것을 알아야 한다.

"외강내강의 불도저"

ESTJ를 다른 각도에서 살펴보자. MBTI에서는 코드가 서로 조합되었을 때 어떤 면이 좀 더 강화되는 속성이 만들어진다. 그 대표적인 경우가 바로 E와 J의 조합이다. E는 외향적이고 활달한 성향인 데다가 J는 결정한 것을 신속하게 처리하는 특징이 있다. 또 E는 자기주장과 표현력이 강하고 J는 자신이 한번 정한 뜻은 절대로 굽히려 하지 않는다. 이렇게 E와 J의 조합으로 ESTJ는 외적으로만 아니라 내적으로도 매우 강한 '외강내강'의 성향을 가지게 된다. 그래서 뭔가 일을 시작하면 끝마무리까지 아주 신속하게 일을 매듭짓는 사람이 된다. 또 E를 가진 사람들은 하나의 일에만 치우치지 않고 무엇이든 여러 가지 일을 벌이는 경향이 있다. J를 가진 사람들은 계획을 잘 세우고 준비성이 투철하다. 이렇게 E와 J가 어우러진다면 무슨 일이 생기겠는가? 아마도 일이 끊이지 않을 것이며 여유가 생길 때조차 계획을 세워 자신을 늘 혹사하게 될 것이다. 한마디로 계속해서 일을 저지르면서 자신도 수습하지 못할 상황까지 갈 수도 있다. 그렇기에 ESTJ 유형들은 자신의 업무의 비중을 줄이면서 삶의 여유를 가지며 너무 일에만 치우쳐 살기보다는 자신의 삶을 좀 즐길 필요가 있다. 너무 강한 것은 부러지기 쉽다. 하니 적당히 쉬엄쉬엄 일하면서 무리가 되지 않도록 매사에 여유를 가져야 한다.

　MBTI에서는 타고난 지도자의 기질을 가진 두 유형이 있다. ESTJ와 ENTJ형이다. 물론 MBTI 16가지 유형들은 저마다 다 리더십을 가지고 있다. 그러나 좀 더 지도자의 속성을 가진 유형을 꼽으라면 두 유형이 유력하다. ESTJ는 '실천형 리더'라고 할 수 있고 ENTJ는 '창의적 리더'라고 할 수 있다. 그 이유는 MBTI 유형 도표를 4분할했을 때 나뉘는 유형의 조합 때문이다. ESTJ는 'ES'의 조합이고 ENTJ는 'EN'의 조합이다. 앞서 심리기능에서 살펴보았듯이 감각형(S)과 직관형(N)은 정보를 다루고 활용하는 부분에서 다른 지점이 있다. 감각형(S)의 사람들은 과거에서부터 축적되어온 검증된 사실과 경험을 믿고 받아들이는 경향이 있고, 직관형(N)의 사람들은 자신의 추측에 의해 경험을 넘어선 가능성과 미래를 예견하려 한다. 그래서 S가 E와 만나면 경험에 실천이 더해져 기존의 것을 계승하면서 알고 있는 것을 하나라도 실천해 나가려 하고 N과 E가 만나면 기존의 것을 새로운 것으로 바꿔 조직을 변화시키려 한다. 따라서 ES로 조합되었을 때 지도자의 모습은 현실적이고 실용적인 것에 초점을 두고 전통과 예절을 존중하며 몸소 실천해 나가는 특징을 보인다면, EN으로 조합되었을 때 지도자의 모습은 미래와 가능성에 초점을 두고 변화하기 위해 조직을 다양한 모습으로 혁신해 나가는 특징을 보이게 된다.

"계획을 실행하고 추진하는 사람"

ESTJ 유형들을 '사업가형'이라고 부른다. 매우 굳세게 보이며 정신력이 아주 강한 사람이라서 무슨 일이든 강력하게 추진하고 밀어붙이는 경향이 있다. 모임에서도 사람을 다루는 데 능숙하여 줄곧 리더를 맡는 경우가 다반사다. 그래서 정서적이며 느린 사람들이 ESTJ를 볼 때 비인간적이고 인정머리가 없어 보일 수 있다. ESTJ는 '지금 일이 중요하지 감정이 중요한가?'라는 식으로 다른 사람의 마음을 읽으려 하지 않고 자신의 주장을 펴는 데 모든 역량을 동원한다. 자기주장과 고집, 추진력이 강하다 보니 감정을 공감해 주는 능력이 떨어지는 것이다. 이러한 부분을 잘 보완하여 조금 느린 사람들의 템포를 맞춰주면서 타인의 감정을 충분히 고려하는 노력을 한다면 인간관계에서나 조직에 있어 훌륭한 리더가 될 수 있을 것이다.

- 전형적인 사업가

- 사무적, 실용적, 현실적인 사람

- 엄격한 관리자

- 훌륭한 행정가

- 기획 입안자의 전형

- 불도저 정신의 소유자

- 직장에서 책임자의 자리까지 오르는 사람

- 타고난 지도자의 기질을 가진 사람

- 체계적으로 사업체와 조직을 이끌어가는 사람

- 사람을 편애하거나 변덕스러운 행동을 보이지 않는 유형

- 경쟁력이 강하고 지배권을 움켜쥐려 하는 성향

- 속단속결하고 지나친 업무 위주로 사람을 대하는 경향

- 추진력이 빠르고 업무를 처리하는 능력이 좋음

- 여유가 생길 때조차 계획을 세움

- 하면 안되는 게 없을 정도로 결과가 계속 나옴

- 아무 일도 하지 않을 때 집 멀미를 일으킴

- 감정을 고려해 주지 않아 비인간적으로 보임

- 인간중심의 가치관으로 타인의 감정을 충분히 고려하려는 노력이 필요

- 사람들과 템포를 함께 맞춰 주려는 노력이 필요

- 주요인물 : 'D. 록펠러'

ESTJ의 기도

'주님, 제가 일을 많이 벌여 놓지 않도록 도와주소서.
하지만 제 도움이 필요하시면 말씀만 하소서.'

ESFJ

친절가, 친선도모, 현대판 현모양처

·····················

주기능 : 감정(Fe), 부기능 : 감각(Si), 3차 기능 : 직관(N), 열등기능 : 사고(Ti)

"숨어서 돕느냐, 나서서 돕느냐"

ESFJ 유형에 대해 알아보자. ESFJ 유형은 앞서 살펴본 ISFJ 유형과 비교해 볼 필요가 있다. ISFJ 유형은 어떤 사람이었나? 내향적이면서 현실적이고 따뜻하면서 추진력이 있는 사람이었다. 특히 대중 앞에 직접 나서기보다 어떤 대상을 내세워 뒤에서 조용히 서포트해 주는 숨은 권력자였다. 그런데 ESFJ 유형은 어떤가?

〈앤드류 카네기〉

ISFJ처럼 숨어 있는가? 숨어서 남을 돕고 외부세상과 소통하는가? 아니다. ESFJ 유형은 직접 나선다. ISFJ처럼 뒤에서 조력하는 게 아니라 전면에 나서서 자신이 직접 타인을 돕고 조력하려 한다. 이렇게 두 유형이 차이가 난다. 그 이유는 무엇인가? 바로 I와 E의 차이라고 할 수 있다. 내향적인

SF는 뒤에서 타인을 도우면서 자신을 드러내지 않지만, 외향적인 SF는 자신이 직접 나서서 타인을 위해 헌신하는 것이다. 하지만 두 유형의 동기는 동일하다. 즉 타인을 돕고 지원하고자 하는 동기를 가지고 있는 점이다. 둘 다 자신이 공을 가져오려 하지 않고 타인에게 공을 돌리는 성향이다. 옆에 있는 사람이 뭔가 침체하여 있거나 주눅 들어 있는 것을 보지 못하고 상대가 가진 재능을 끌어내서 그 재주를 발휘하게 하는 그런 능력이 있다. 근본적으로 생각해 보면 성격은 무의식 안에 있는 결핍에 의한 욕망의 실현이라고 할 수 있다. 그래서 타인에 대한 인정과 칭찬에 대한 욕구가 강하다. 누군가로부터 인정을 얻고 싶어 하고 관심을 받고 싶어 한다. 그런 이들의 욕구가 성격의 동기가 되어 타인을 돕고 지지하는 행동으로 나타나는 것이다. 왜? 타인에게 인정과 관심, 존중을 받고 싶어서다. 칭찬은 고래도 춤추게 한다. 칭찬은 달팽이도 뛰게 만든다. 칭찬을 싫어하는 사람은 없다. 고로 ESFJ 유형 역시 칭찬을 들을 때 가장 큰 보람을 느끼는 사람들이다.

"사람들에게 친절하고 도움을 주는 사람"

ESFJ 유형들을 '친선도모형'이라고 부른다. 그래서 기본적으로 타인에게 관심이 많은 사람이다. 외향적인 성향 탓에 타인이 도움을 요청하지 않는데도 자신이 먼저 적극적으로 도움을 주려 한다. 주변 사람들을 돌보고 챙기는 것이 습관화되어 있어 연락이 끊이지 않고 '미친 인맥'을 가질 만큼 친구들이 많다. 사교적이고 활발한 성향으로 어디에 가서 누구와 어울리든 상냥하고 친절해서 집단의 분위기를 따뜻하게 만든다. 동료애와 동정심이 많아서 남의 일을 자기 일처럼 도와주며 따뜻한 협력자로서 집단에서도 매우 능동적인 모습을 보인다.

　그러나 여기에 조심할 점이 있다. 상대를 돕는 것이 습관이 되다 보니 자신이 때로 원치 않는 도움을 주게 되어 소모적인 관계를 만들게 되는 것이다. 그래서 상대가 자신에게 호감이 있다고 오해하는 상황이 생길 수 있다. 천사처럼 자신을 퍼주고 희생하다 보니 자신의 선의를 곡해하는 대상이 생길 수 있다. 지나친 친절은 오히려 자신에게 상처를 부를 수 있다. 왜냐하면, 대부분의 사람은 사랑을 받는 데 익숙하지, 주는 것에 인색할 뿐더러 'T'성향이 강한 사람들은 '저 사람이 왜 내게 친절하지?'라고 의심하며 봉사를 받고도 무례하게 굴 수 있기 때문이다. 영화 〈부당거래〉의 대사처럼 "호의가 계속되면 그게 권리인 줄 알아요"라는 말을 기억하고 자신이 베푸는 친절이 습관적인 호의가 되지 않도록 주의할 필요가 있다. 따라서 내가 누군가에게 봉사하거나 친절을 베풀 때는 상대가 나의 도움을 필요로 하는 상황인지 아닌지를 먼저 구분하고 내가 진정으로 우러나서 타인을 돕고자 하는 마음이 우러날 때 사심 없이 타인에게 다가가는 것이 남을 돕고도 상처받지 않는 지혜로운 행동이 될 것이다.

- 다정함, 동정심, 희생적, 사교적 외교관
- 사람들에게 인기가 많은 사람(미친 인맥)
- 자신이 공을 돌리지 않고 타인에게 공을 돌리는 사람
- 타인의 재능을 이끌어 내어 발휘하게 하는 사람
- 따뜻한 협력자, 동료애가 강한 사람
- 칭찬과 인정 욕구가 많은 사람

- 남성보다 여성이 많음
- 자신의 자존심보다 친교를 우선시하는 사람(친선도모형)
- 자신을 퍼주고 희생하는 사람(천사)
- 타인의 피드백에 큰 영향을 받는 사람
- 고끄사(고개를 항상 끄덕이는 사람들)
- 현대판 현모양처
- 분위기를 주도하고 활기차게 만드는 사람
- 상냥하고 친절해서 어디 가든 친구가 많은 사람
- 내 사전에 왕따란 없는 사람
- 주변 사람을 잘 챙겨서 살이 찔 수밖에 없는 사람
- 도움을 주려다 보니 습관적인 봉사를 조심
- 내가 베푸는 호의가 상대에게 필요한 것인지 따져봐야 함
- 친절을 베풀더라도 상대가 몰라줄 수 있다는 것을 알고 상처받지 않아야 함
- 주요인물 : '앤드류 카네기'("받는 것보다 주는 것이 더 큰 축복이다.")

ESFJ의 기도

'주님, 제게 인내심을 주소서.
지금 당장 주소서.'

INFJ

공감자, 예언가, 멘토(정신적 스승)

....

주기능 : 직관(Ni), 부기능 : 감정(Fe), 3차 기능 : 사고(T), 열등기능 : 감각(Se)

"현실인가, 미래인가"

INFJ 유형에 대해 알아보자. 앞서 살펴본 유형 중 ISFJ와 ESFJ는 심리기능이 모두 'SF' 유형이었다. 그러나 INFJ 유형은 'NF' 유형이다. 'SF' 유형의 키워드가 '현실성'이라면 'NF'의 키워드는 '미래에 대한 가능성'이라고 할 수 있다. 'SF'는 감각을 사용하여 파악된 사실적인 정보를 토대로 상황을 분석하지만 'NF'는 직관을 사용

〈『반지의 제왕』 간달프〉

하여 파악된 정보를 토대로 미래를 예측하려 한다. 다시 말해 'SF'의 초점이 '현실'에 가 있다면 'NF'의 초점은 미래에 가 있는 것이다.

그래서 INFJ 유형들은 미래에 대한 관심이 많다. 앞으로 무슨 일이 벌어질지, 미래는 어떻게 될지 등에 대해 미리 그림을 그려보고 아이디어를

제공하는 사람들이다. 또한, INFJ 유형들은 모든 것에 '의미'를 부여하려한다. '산은 산이고 물은 물이로다'라는 말처럼 사물을 있는 그대로 바라보고 그 자체를 진리로 인정하기보다 '산은 어떻고 물은 어떠네'라는 식으로 자기 생각과 의미를 부여해서 보편적으로 생각하는 정의에 자신만의 또 다른 해석을 만들어 내는 사람들이다. 그래서 INFJ 유형들은 '나는 누구인가, 왜 사는가?' 등의 존재와 영성에 대한 탐구, 자아탐색을 통해 심도 있는 공부를 하면서 삶의 진정성을 추구하는 것을 좋아한다. 따라서 INFJ 유형들은 미래에 대한 포착, 가능성에 대한 아이디어, 존재에 대한 의미, 자아탐색과 성찰을 통해 현실보다는 미래를 예측하고 내면의 진실성을 중요시하는 사람이라고 할 수 있다.

"타인의 미래를 내다보는 사람"

INFJ 유형들을 '예언자형'이라고 부른다. MBTI 유형 도표를 사분할 했을 때 'IN'으로 조합되는 유형이다. 'IN'의 키워드는 '생각'이다. 내향성 'I'와 아이디어 'N'이 만나 바깥의 현실보다 내면의 현실이 더 커져서 내면이 복잡하고 생각이 복잡하다. 내면에 공허함과 외로움이 있어서 자신의 속을 자기도 잘 모르겠다고 한다. 그러나 나이가 들수록 품위가 있어지고 인격이 돋보이는 사람이 되어 육체적인 사랑보다 정신적인 사랑을 선호하는, 정신적인 스승이자 지도자로서 중후한 인격에 도달한 사람이 많다. 자기만의 독창적이고 창의적인 생각으로 인류에 대한 비전을 제시하고 특히 사랑에 대한 마인드가 강하다. 또 타인의 감정을 귀신같이 읽어 내는 뛰어난 인식능력과 공감능력이 있어 상대가 어떤 마음을 가지고 있는지 감정을 잘 포착해 내고 복잡한 상대의 심리 상태를 잘 파악하는 사람들이다. 독립성이 강해 자신이 추구하는 가치를 실현하는 데 있어 기꺼이 비난과 위험을 감수하지만 한번 결정한 것은 단호하게 밀어붙이는 경향(J)이 있다. 자신과 대립하는 관점을 받아들이기 어려워하고 상황이 바뀔 때마다 유연하게 대처하는 능력이 다소 떨어지며, 지나치게 내적 세계를 추구하는 경향이 있어 현실감각이 부족하다. 따라서 INFJ를 요약하자면 독창적인 생각과 아이디어로 미래를 예측하면서 상대의 마음을 잘 읽어 내고 몇 마디 말로도 타인에게 위로를 주며 주변 사람을 성장시키고 촉진하는 사람이라고 할 수 있다.

- 조용하면서 품위 있는 언어의 연금술사
- 자기 속을 자기도 잘 모르는 사람
- 심플하지 못하고 내면이 복잡한 사람
- 복잡한 심리 상태를 잘 읽어 내는 사람
- 양파같은 사람(까도 까도 계속 나옴)
- 비유법의 대가이자 타고난 상담가
- 몇 마디 말로 위로를 주는 사람
- 공허함과 외로움을 자주 느끼는 사람
- 바깥의 현실보다 내면의 현실이 더 큰 사람
- 존재에 대한 탐구를 하는 사람
- 중후한 인격에 도달한 지도자가 많은 사람
- 인류의 정신적 스승이자 지도자
- 끈기 있게 타인의 말을 경청할 줄 아는 사람

- 미러링의 능력이 있는 사람

- 뛰어난 인식능력과 공감능력이 있는 사람

- 감정을 포착하고 읽어 내는 능력이 탁월한 사람

- 독립성이 강하고 가치실현을 위해 비난과 위험을 감수하는 사람

- 타인에게 신뢰와 존경을 받으며 용기를 주는 지도자

- 대립되는 관점을 받아들이기 어려워함

- 상황에 따라 유연하게 대처하는 능력이 떨어짐

- 지나치게 내적 세계만을 추구하여 현실감각이 미흡

- 육체적인 사랑에도 관심을 가질 필요가 있음

- 자신이 가진 이상과 꿈을 현실적으로 이야기할 필요

- 주요인물 : 『해리포터』 시리즈의 덤블도어', 『반지의 제왕』 시리즈의 간달프'

INFJ의 기도

'주님, 제가 완벽주의자가 되지 않도록 도와주소서.
그런데 지금 제가 철자를 제대로 썼습니까?'

INTJ

연구자, 지식인(엑스퍼트), 뇌섹남/뇌섹녀

....

주기능 : 직관(Ni), 부기능 : 사고(Te), 3차 기능 : 감정(F), 열등기능 : 감각(Se)

"인간 탐구 vs 지적 탐구"

INTJ 유형에 대해 알아보자. INTJ 유형을 이해하려면 앞에 살펴보았던 INFJ 유형과의 비교가 필요하다. 이것은 심리기능 'NF'와 'NT'를 구분하는 것이다. 'NF'는 직관형 'N'과 감정형 'F'의 조합되어 '직관, 미래, 가능성'에 대한 정보 인식을 바탕으로 '인간에 대한 이해를 시도하고 인간의 삶을 보다 본질적인 삶으로 촉진하

〈마크 저커버그〉

는 기능이다. 반면 'NT'는 직관형 'N'과 사고형 'T'의 조합으로 미래에 대한 가능성을 포착하여 이론을 더욱 발전시키고 과학과 기술의 문명을 업그레이드하는 기능이다. 한마디로 NF는 '인간 탐구'에 대한 아이디어를 가지고 있고 NT는 '지적 탐구'에 대한 아이디어를 가지고 있는 것이다.

INFJ 유형은 자신의 능력을 인간과 사람을 위해 쓰는가 하면 INTJ는 자신의 능력을 지적으로 연구하고 개발하는 데 쓴다. INFJ 유형이 사람을 성장시켜 그 미래를 예언하고 예측했다면 INTJ 유형은 기술, 과학, 학문, 문명을 발전시켜 그 미래를 예견한다. INFJ 유형이 인간의 복잡한 심리와 감정을 읽어 내고 적절한 조언과 안내를 제공한다면, INTJ 유형은 사건을 조사하고 문제의 원인을 분석하여 프로그램을 개발하고 기술을 발전시킨다.

어떤가? 이렇게 INFJ에서 INTJ로 중간에 코드 하나가 바뀌었을 뿐인데 전혀 다른 사람이 된다. 따라서 우리는 MBTI 유형의 각 코드가 어떻게 기능하고 어떤 조합에 의해 삶이 어떤 방향으로 흘러가게 되는지를 해석할 수 있어야 한다. 그것이 내가 누구이며 어떤 사람인지를 알 수 있는 방법이다.

"불변의 진리를 찾는 사람"

INTJ 유형들을 '과학자형'이라고 부른다. INTJ 유형은 '진리'를 키워드로 '불변의 진리'를 찾기 위해 노력하는 사람들이다. 지식에 대한 열망으로 계속해서 파고들고 추적해서 확고한 자기만의 신념을 가지기를 원한다. 문제가 생기면 지극히 이성적으로 접근하는 경향이 있다. 이때 자신과 타인의 감정은 철저하게 배제된다. INTJ 유형들과 함께 있으면 뭔가 상대가 분석당하는 느낌이 들고 대화를 할 때 조사받는 기분이 든다. 관계의 갈등이나 어려움이 생기면 계속해서 원인을 분석하고 상황을 따져 보면서 왜 이런 결과가 나오는지 기계적이고 계산적으로 접근하려 한다. 그래서

INTJ 유형을 보고 있자면 '차도남, 차도녀'처럼 인간미가 부족하고 차가운 이미지로 느껴진다. 타인을 있는 그대로 이해하고 공감하며 수용하려는 노력보다는 문제를 분석하고 찾아내서 그것을 비판하고 개선하려 한다. 또 일단 자기만의 논리가 서게 되면 자기 이론에 대한 철저한 방어막을 구축하고 자기 이론보다 더 훌륭한 가설이 나오지 않는 한 타인과 교류하거나 소통하려 하지 않는 버릇이 있다. 가까이 가기엔 너무 먼 당신이 되어버린다. 그래서 대인관계나 인간관계가 상당히 고립되어 있고 자기만의 성에서 나오려 하지 않는 지식의 포식자처럼 생활한다. 끊임없는 지적 욕구로 자기계발을 하면서 책을 쓰고 논문을 작성하며 그 이론을 무기로 상대와 토론하고 지식 배틀을 시도한다. 또 누가 더 많이 알고 있는지, 누가 더 깊이 연구했는지를 놓고 상대와 자신을 견주는 습성이 있다. 따라서 아주 똑똑하고 스마트해서 뇌섹남, 뇌섹녀라 불리지만 좀 더 인간미를 갖추고 대인관계를 넓혀 세상과 소통하려 하는 노력이 필요한 사람이라고 할 수 있다.

- 독자적인 신념이 있으며 지적인 유형
- 차도남, 차도녀
- 용의주도한 전략가
- 한 고집 하는 사람
- 자기만의 독창적인 사고와 아이디어를 가진 사람
- 실리콘밸리에 거주하는 사람
- 무엇이든 그냥 받아들이지 못하는 사람
- 따져 보고 물어보기 위해 배우는 사람

- 똘똘이 스머프

- 뇌섹남, 뇌섹녀

- 칭찬이 인색한 사람

- 연구자, 학자, 이론가의 삶을 사는 사람

- 지식을 자신의 무기로 쓰는 사람

- 지식배틀을 좋아하고 토론을 좋아하는 사람

- 타인과의 교류보다는 자기만의 성에 사는 사람

- 인간관계에 냉담하고 고립된 사람

- 비판과 분석력이 뛰어난 사람

- 사람에 대한 감정을 공감하는 면이 부족한 사람

- 사람을 있는 그대로 보지 못하고 자꾸 분석하려 하는 사람

- 인간미가 부족하고 차가운 사람

- 좀 더 자기를 개방하는 노력이 필요한 사람

- 다른 사람들의 아이디어에도 귀 기울여 주는 노력이 필요

- 주요인물 : '마크 저커버그'

INTJ의 기도

'주님, 제가 다른 사람들의 생각을 열린 마음으로 받아들이도록 도우소서.
비록 그들의 생각이 틀리긴 했지만……'

ENFJ

연설가, 언변능숙, 피스메이커

·····················

주기능 : 감정(Fe), 부기능 : 직관(Ni), 3차 기능 : 감각(S), 열등기능 : 사고(Ti)

"책과 글 vs 말과 강의"

ENFJ 유형에 대해 알아보자. ENFJ 유형을 이해하려면 INFJ 유형을 다시 소환해야 한다. ENFJ 유형은 여러모로 INFJ 유형과 비슷한 점이 많다. 먼저 직관형 N을 사용하여 정보를 포괄적으로 수집하고 수집된 정보를 토대로 감정형 F를 사용하여 인간 중심적 입장에서 문제를 결정하며 자신이 결정한 일에 대해 판단형 J를

〈버락 오바마〉

사용하여 한 치의 흔들림 없이 계획대로 추진해 나간다는 점에서 두 유형은 서로 비슷하다. 그런데 무엇이 다른가? 에너지의 방향이 다르다. 맨 앞의 유형 코드인 I와 E가 다르다. INFJ 유형의 에너지가 내향적(안)으로 흐른다면 반대로 ENFJ 유형의 에너지는 외향적(밖)으로 흐른다. 이러한 차

이는 결과적으로 INFJ와 ENFJ 유형이 살아가는 삶의 방향을 180도 바꾸는 계기가 된다.

왜 그럴까? MBTI에서 볼 때 인간 행동은 최종적으로 태도지표인 '외향성'과 '내향성' 여부가 결정하기 때문이다. 내향성을 가진 사람들은 무의식의 영역이 의식의 영역에 비해 훨씬 큰 것과 같이 내면세계의 비중이 외부세계에 비해 크다고 할 수 있다. 그래서 내향성이 강한 사람들은 외향성과 달리 더 많이 생각하고 고민해서 심사숙고한 후에 행동으로 옮기는 경향이 있다. 그러나 외향성이 강한 사람들은 내향성과 달리 생각을 오래하지 않고 행동으로 옮기는 데 오랜 시간이 걸리지 않는다. 또한, 내향성과 외향성은 자신의 판단을 행동으로 실천하는 모습이 다르다. 먼저 외향과 내향의 에너지가 NF와 만나면 에너지의 방향이 '사람' 혹은 '타인'에게로 향하는데, 내향인들은 자신의 의사를 타인에게 전달할 때 상당히 조심스러워한다. 일단 말을 하기 전에 글로 이야기하려 한다. 글로 다하지 못하는 것은 책으로 정리해서 알려주고자 한다. 반면 외향인들은 자기 생각을 타인에게 전달할 때 거침이 없고 두려움이 없다. 생각이 정리되기 전에 일단 말부터 표현하고 본다. 그리고 말에서 그치지 않고 강의를 통해 대중 앞에서 연설까지 하면서 청중을 설득하려 한다. 그래서 ENFJ 유형들은 자신의 외향 에너지를 적극적으로 사용해서 사람들을 설득하기 때문에 언변이 뛰어나고 말솜씨가 좋다. 실제 대인관계에서 만남을 하고 모임과 직장에서 회의할 때 대화를 이끌어가고 토론을 주도하는 사람들이다. 이렇듯 ENFJ 유형들은 타인에게 도움을 주기 위해 적극적으로 대중 앞에나서기를 좋아하고 탁월한 언변을 사용하여 청중을 좌지우지하는 사람들이라 할 수 있다.

"탁월한 말솜씨로 감동을 주는 사람"

ENFJ 유형들을 '언변능숙형'이라고 부른다. 그래서 그들은 말을 너무나 잘하는 '명연설가'들이다. 단순히 말만 잘하는 게 아니라 자신의 말로 타인을 설득하고 감동을 불러일으켜 사회를 변화시키고 세상을 바꾼다. ENFJ 유형들은 이러한 언변능력이 탁월하고 사람을 설득하는 기술이 뛰어나다. 그리고 아나운서처럼 단순히 기계적으로 텍스트를 읽어 주는 스피치가 아니라 강의를 듣고 있는 청중들과 상호작용을 하면서 사람들의 눈빛이나 표정 등의 비언어적 메시지를 읽어낸다. 또 상대의 심리상태에 따라 설득해 가는 교감을 하기 때문에 ENFJ 유형들의 말을 듣는 사람들은 설득을 당할 수밖에 없고 감동을 받아 따라갈 수밖에 없다. 이렇게 말로서 대중을 설득하고 세상을 변화시켜나가는 사람들이 누구인가? 바로 국회의원들이다. 국회의원 하면 '정치인'들이 떠오른다. 정치인하면 '약장수'가 떠오른다. 말로만 공약을 던지고 실행하는 경우가 많지 않아서일 것이다. 그래서 대중들은 정치에 대한 신뢰가 부족하다. 그럼에도 우리는 국민의 여론을 잘 헤아려 올바른 정치를 할 수 있는 정의롭고 유능한 일꾼이 필요하다. 양극화되고 분열된 지역의 민심을 하나로 화합시키는 사람이 필요하다. ENFJ 유형들은 감정이 풍부하고 동정심과 동료애가 많아서 사람들의 화합을 끌어내는 지도자 역할을 잘한다. 말은 누구나 할 수 있지만, 그것을 실행으로 옮기는 사람은 드물다. ENFJ 유형들은 타고난 말재주로 사람들의 감정을 끌어올려 선망의 대상이 될 수 있으나 자신의 말이 부메랑이 되어 자신에게 책임을 묻게 될 때 당당해질 수 있어야 한다. 또한, ENFJ 유형은 한국인 중에 가장 적은 유형이라고 한다. 한국은 말을 조심하고 함부로 내뱉지 않는 문화이기에 그렇다고 본다. 세상에는 말을 잘하는 사람들이 필요하기보다 그 말대로 실천하는 사람이 필요하다.

- 한국에서 가장 적은 유형
- 말을 너무나 잘하는 명연설가
- 정의로운 사회운동가
- 강의를 잘하고 언변에 탁월한 사람
- 타고난 교육자(언변능숙형)
- 자신의 말로 타인의 성장을 이끌어 내는 사람
- 모두가 행복하기를 바라는 사람(우주평화)
- 사람과 사람과의 조화를 중요시하는 사람
- 화합을 중시하며 이끌어 내는 지도자
- 피스메이커, 페이스메이커(마라토너들의 완주를 돕는 조력자)
- 따뜻한 동정심과 동료애가 강한 사람
- 바보 온달을 장군으로 만든 평강공주
- 사람들의 눈빛과 비언어적 메시지를 읽어 교감하는 사람
- 타인의 강점을 이끌어 내고 긍정적인 면을 극대화하는 사람
- 타인의 감정에 맞춰 일하다 보니 상처를 잘 받는 사람
- 사람을 세워주는 것을 좋아해서 맹목적으로 도와주는 것을 주의
- 선택적 대상의 이상화로 타인의 장점만 보다가 실망하는 것을 주의
- 사람들의 관계에 좀 더 객관적인 시각을 갖도록 노력
- 주요인물 : '버락 오바마', '에이브러햄 링컨', '마틴 루터 킹'

ENFJ의 기도

'주님, 제가 할 수 있는 일만 하도록 도와주소서. 나머지는 주님께 맡기겠습니다.

그런데 이것도 적어 놓아야겠지요?'

ENTJ

지도자, 사령관, 비전형성

....

주기능 : 사고(Te), 부기능 : 직관(Ni), 3차 기능 : 감각(S), 열등기능 : 감정(Fi)

"진지한 학구자 vs 추진하는 혁명가"

ENTJ 유형에 대해 알아보자. ENTJ 유형은 앞서 살펴본 INTJ 유형과 비교가 된다. INTJ 유형은 내적(I) 통찰력(N)을 바탕으로 이론(T)에 파고들어 연구하는 '학구자' 스타일의 유형이라고 하였다. 그런데 ENTJ 유형은 전혀 다르다. INTJ 유형이 '진지'하게 자신의 연구에 매진하고 돌다리도 두들기는 식으로 숙고한다면

〈마가렛 대처〉

ENTJ 유형은 어떻게든 하나라도 빨리 '추진'하고 밀어붙여서 상황을 변화시키고 개혁해 나가는 '혁명가'로 변신한다. 그 이유는 모두 맨 앞의 코드인 'I'가 'E'로 전향했기 때문이다. MBTI 모든 유형의 코드에 'I'가 붙게 되면 모든 행동이 '일단 멈춤, 일단 정지'가 된다. 행동하기 전 내가 안전한

지 불안전한지부터 살펴보고 자신이 안전하다고 충분히 납득했을 때 비로소 행동이 나오게 된다. 그래서 ISTJ, ISFJ, INTJ, INFJ 유형들은 모두 뒤에서 옆에서 조용히 진지하게 일을 진행하고 자신이 직접 나서기보다 사람이나 공동체를 내세워 자신의 얼굴은 잘 드러나지 않게 하는 스타일이다. 반면 ESTJ, ESFJ, ENFJ, ENTJ 유형들은 앞에 나서기를 좋아하고 상황을 주도하기를 좋아하며 침묵하기보다는 표현하고 기다리기보다는 직접 행동으로 부딪혀 자신이 공동체를 선두에서 적극적으로 이끌어가는 스타일이다. 일반적으로 MBTI에서 내향적 성향을 가진 'I 유형'들을 적극적이지 않고 소극적이며 내성적이라고 생각하지만 사실 내향인들은 '자기 자신'과 '내면세계'에 상당히 적극적이며 외향적 성향을 가진 'E 유형'들이 매사에 굉장히 적극적이라고 생각하지만, 외부세계의 활동을 제외한 자신의 내적 문제에 있어서는 둔감하고 소극적인 경우가 많다. 그래서 내향인들은 정적이라서 서서히 드러나지만 외향인들은 열성적이라서 빨리 공개되는 시간차가 발생하는 것이다. 따라서 내향인들은 사고 후 행동하고 외향인들은 행동 후 사고하는 것이다. 이렇게 MBTI 유형들이 서로 다른 지점이 있지만 결국 시작 지점이 다를 뿐이지, 어떤 유형이 다른 유형보다 열등하고 우월한 개념은 없다는 사실을 명심하기 바란다.

"보스형 기질을 타고난 사람"

ENTJ 유형들을 '지도자형'이라고 부른다. 앞서 이야기했듯이 MBTI에서 ESTJ와 ENTJ 유형이 '타고난 리더'의 자질을 소유하고 있다고 소개한 바가 있다. ESTJ 유형은 전통적인 가치관을 계승하고 발전시켜나가는 '실천형 리더'라면 ENTJ 유형은 기존의 시스템을 과감하게 혁신하여 탈바꿈하는 '창의적 리더'라고 설명하였다. 그렇다면 ESTJ와 ENTJ 유형이 다른 점은 그것만 있을까? ESTJ 유형이 리더의 기질을 가지고 있긴 하지만 ENTJ에 비해서는 조금 미약한 측면이 있다. 왜냐하면, 리더 즉 지도자의 자질을 살펴볼 때 지도자라 함은 활동성, 적극성, 대범함, 미래 지향성, 객관성, 추진성, 카리스마, 통솔력, 성취력 등의 조건들이 고루 갖춰져 있어야 하는데 ESTJ 유형은 미래 지향적이기보다 현재 지향적이기 때문이다. 물론 리더가 현재를 직시하지 말아야 한다는 것은 아니다. 하지만 리더는 현재에만 매달려 현상을 유지해 나가는 미시적 관점보다 앞을 내다보고 미래를 향해 과감히 도전해 나가는 거시적 안목을 가지는 것이 중요하다. 왜냐하면, 리더는 '전통을 따라가는 사람'이 아니라 '변화를 이끌어가는 사람'이기 때문이다. 이런 측면에서 ENTJ는 앞에서 말한 리더의 기질을 두루 갖추고 있다. 활발하고 열성적인 외향성 E와 전체를 볼 줄 알고 미래를 내다보는 N과 감정에 휘둘리지 않고 객관적이고 업무 중심으로 일하는 T와 계획한 일을 빈틈없이 추진하며 끈기 있게 마감하는 J는 리더가 가지고 있어야 할 매우 중요한 자질들이다. 그래서 ENTJ 유형들은 아예 리더를 하기 위해 천성적으로 타고난 자질을 갖춘 사람들이라고 할 수 있다. 또한, ENTJ 유형들은 가만히 있어도 자신감이 넘치고 포스가 강하게 뿜어져 나오는 사람들이다. 존재만으로도 존경심을 불러일으키는 재능과 힘을 가진 비전형적인 요소(일반적이지 않고 특수한 경우)가 있다. 하지만 일을 반드시 성사시켜야만 한다는 생각이 강해서 성취를 행복의 등가로 여기는 사람들이기 때문에 너무 일을 몰아붙이다가 한순간에 나가떨어지는 상황이 발생할 수 있다. 그러니 삶에 조금 머무르면서 일상의 행복을 느끼며 간간히 휴식을 취하는 요령이 필요하다.

- 창의적이며 비전형적인 특징을 가진 사람
- 대담한 통솔자, 타고난 보스
- 천성적으로 타고난 리더
- 남녀 구분 없이 타고난 지도자 스타일
- 존재만으로도 존경을 불러일으키는 사람(비전형성)
- 활동적이고 결정력이 있는 사람
- 성취적 경향이 강해 성취를 행복의 등가로 여기는 사람
- 장기적 계획과 거시적 안목을 선호하는 사람
- 시야가 넓고 통이 큰 사람
- 작은 일에 신경 쓰지 않고 대범한 스케일
- 추진력이 강해서 자잘한 돌뿌리에 연연하지 않음
- 강력한 카리스마로 좌중을 압도하는 사람
- 부러지면 부러졌지 휘어지지 않는 사람
- 잡든지 잡히든지 둘 중 하나, 진두지휘
- 기존 방식이 아닌 내 방식으로 일하는 사람
- '왜 이렇게 세지?' 하는 반응이 있음
- "네 말은 맞는데 네 태도가 맘에 안 들어."라는 말을 곧잘 들음
- 나는 안 힘든데 시어머니가 가끔 집을 나가심
- 나가자, 싸우자, 이기자, 이겼다
- 똥개는 짖어도 셰퍼드는 달린다
- 목에 칼이 들어와도 할 말은 함

- 연애도 일처럼 하는 사람
- 남의 말을 잘 경청하지 못하고 칭찬에 인색함
- 타인의 욕구와 감정에 무감각
- 공정함의 잣대는 업무에만 사용하고 좀 더 부드럽고 너그러운 사람이 되기 위해 노력할 필요
- 주요인물 : '마가렛 대처'

ENTJ의 기도

'주님제가일을서두르지않고천천히하게도와주소서아멘.'

ISTP

기술자, 만능재주꾼, 장인

·····················

주기능 : 사고(Ti), 부기능 : 감각(Se), 3차 기능 : 직관(N), 열등기능 : 감정(Fe)

"계획인가, 여유인가"

ISTP 유형에 대해 알아보자. 앞서 살펴본 MBTI 유형들은 모두 네 개의 유형 코드 중 네 번째 코드가 'J(판단형)' 코드였다. 그러나 지금부터 알아볼 남은 8개의 MBTI 유형은 모두 네 번째 유형 코드로 'P(인식형)'를 가지고 있다. MBTI에서 유형 코드는 '성격 DNA'와 같아서 코드 하나만 바뀌어도 전혀 다른 사람이 된

〈맥가이버〉

다. 그렇다면 MBTI 유형 코드의 J가 P로 바뀌게 되면 무엇이 달라질까? 생활양식 즉 외부세계에 대처하는 방식이 달라진다. J 성향을 가진 사람들은 '계획적, 구조적, 체계적'이라면 P 성향을 가진 사람들은 '개방적, 비구조적, 자율적'이라고 할 수 있다. J 코드를 가진 사람들이 미리 준비하

고 계획해서 구조화한 일을 계획에 따라 체계적으로 해결해 나가는 사람이라면 P 코드를 가진 사람들은 사전에 계획이나 준비를 하지 않고 모든 가능성을 열어 놓으며 일을 상황에 따라 여유롭게 해결해 가는 사람들이다. 이러한 탓에 J를 쓰는 사람들은 뭔가 준비되어 있고 갖춰져 있어서 위기상황에서도 '안정감'이 느껴지지만, P를 쓰는 사람들은 계획이 없고 무방비라 돌발 상황에서 그대로 위기를 맞이할 수 있는 '불안감'이 느껴지는 사람들이다. 또한, J로 살아가는 사람들은 항상 계획을 세워서 일을 추진해 가기 때문에 늘 일에 쫓기며 바쁜 일상을 보내지만, P로 살아가는 사람들은 개방적인 자세로 그때그때 상황에 따라 문제를 해결해 가기 때문에 여유롭게 삶을 즐기며 살아간다. 이렇게 MBTI에서는 J냐 P냐에 따라 한 사람의 삶이 180도 달라지며 사람을 만나는 방식, 일을 추진하는 방식, 문제를 해결하는 방식, 삶의 방식 등이 달라질 수 있음을 알 수 있다.

"기술이 좋고 손재주가 뛰어난 사람"

ISTP 유형들을 '백과사전형'이라고 부른다. ISTP 유형은 만능재주꾼, 기술자, 장인 등으로 한 분야에 오랜 시간 재주와 기술을 연마한 달인으로 설명한다. 그도 그럴 것이 내적 에너지가 강한 데다가 사실적이고 세부적인 것을 좋아하며 논리적이고 객관적인 사고를 가진 사람이기에 인내심과 끈기, 연구심과 집중력으로 장시간 동안 꾸준하게 한 분야에서 정보와 기술을 연마하는 IT(information technology) 유형인 것이다. 이런 사람들은 공과나 이과계열의 전공을 하는 사람들이 많고 인간의 감정에 크게 동요되지 않아야 하는 사실적이고 기술적인 업무능력을 요구하는 분야에서 자신의 능력을 발휘한다. 또한, MBTI에서는 뒷자리에 'P'가 왔을 때 주기능이 기본적으로 S와 N이 되지만(반대로 'J'가 오면 주기능은 기본적으로 T와 F가 됨), ISTP의 경우에는 앞자리에 I가 붙었기 때문에 주기능이 S가 아니라 T가 된다. 왜냐하면, J와 P는 외부세계(e)에 대처하는 것이므로 에너지 방향이 기본적으로 'e'가 되는데 외향형 E는 그대로 주기능이 J(판단형)이면 판단기능이 Te와 Fe가 되고 P(인식형)이면 인식기능이 Se와 Ne가 되어(나머지 기능은 상보적으로 'i'가 됨) 내향형 I는 i를 주기능으로 사용하기 때문에 ISTP의 경우 Se가 아니라 Ti가 주기능이 된다. 따라서 ISTP 유형의 주기능은 Se가 아니라 내향형 I와 어울리는 Ti를 주기능으로 사용하게 됨을 알 수 있다. 이것은 결과적으로 ISTP 유형이 T를 안으로 사용한다는 것이 된다. T를 안으로 쓴다는 것은 옳고 그름, 진위여부를 내면에서 결정하고 '외부에서 받아들인 정보를 내부에서 분석하는 사람'이라고 할 수 있다. 이를 통해 우리는 ISTP 유형이 왜 정보를 끊임없이 내부에서 저장하고 가공해서 기술을 만드는 사람이 되었는지 알 수 있다.

- 냉정하고 독립적이고 자제력이 강한 사람
- 차분한 방관자로 관찰하고 분석하는 사람
- 인생의 복잡한 문제를 쉽게 잘 풀어가는 사람
- 손재주가 뛰어난 만능재주꾼, 기술자, 장인
- 기계가 어떻게 작동하는지에 관심이 많은 사람
- 기계를 다루는 데 천부적인 소질이 있는 사람
- IT업계의 신화적인 존재
- 공과대학, 이과대학에 어울리는 사람

- T를 안으로 쓰는 사람(Ti)

- 옳고 그름을 안에서 분류, 분석하는 사람

- 기술은 좋은데 타인에게 관심이 없어 보이는 사람

- 묻지도 않고 따지지도 않는 사람

- 오는 사람 안 막고 가는 사람 안 잡는 사람

- 지나치게 편의적으로 가지 않도록 주의

- 인간관계에 직접 뛰어드는 것을 주저함

- 가족의 구성원인지 기계의 한 부품인지 모름

- 타인의 감정을 이해하는 데 상당히 미숙

- 타인에게 자신을 개방하기 어려운 사람

- 자기감정뿐 아니라 다른 사람들의 정서를 깊이 돌아봐 주는 노력 필요

- 사랑 표현에 있어 적극적인 자세가 필요

- 주요인물 : '맥가이버', '가제트 형사', '형사 콜롬보'

ISTP의 기도

'주님, 제가 다른 사람의 감정을 배려하도록 도와주소서.
비록 그들이 신경과민증이지만……'

"장인인가, 예술가인가"

ISFP 유형에 대해 알아보자. ISFP 유형을 이
해하려면 앞서 살펴본 ISTP 유형과의 비교가
필요하다. 매번 앞의 유형과 비교하여 설명하
는 이유는 MBTI 유형들이 서로 겹쳐지는 부분
들이 있어서 각 비슷한 유형 간의 차이점이 명
확해질 때 유형의 색이 분명해지기 때문이다.
그렇다면 ISTP 유형과 ISFP 유형의 다른 점이

〈마이클 잭슨

무엇일까? 둘 다 내성적이고 현실적이며 누구에게도 얽매이기 싫어하는
자유분방한 삶의 방식을 추구하는 사람들인데 과연 무엇이 다른

바로 T와 F가 다르다. 더 정확히 말하자면 ISTP 유형은 T를

고, ISFP 유형은 F를 안(i)으로 쓰는 사람이라는 점에서 차

유형은 일단 정보를 외부에서 끌어온 다음(Se) 받아들인 정보를 내면의 사고로 열심히 분석한다(Ti). 반면 ISFP 유형은 ISTP 유형처럼 외부에서 정보를 인식한 다음(Se) 수용한 정보를 내면의 감정으로 다시 재해석하는 데 집중한다(Fi). 사물을 관찰하여 얻은 정보를 사실적으로 해석한다면 그 사람은 T를 사용하는 사람이 되고, 사물을 관찰하여 얻은 정보에 자신의 감정과 정서를 반영하여 해석한다면 그 사람은 F를 쓰는 사람이다.

그런데 ISTP 유형은 '장인'이라 하고 ISFP 유형은 '예술가'라 한다. 장인과 예술가는 도대체 어떤 점에서 다른가? 장인도 예술가도 둘 다 한 분야에 전문성을 가지고 꾸준하게 노력하는 사람들이 아닌가? 필자는 이러한 겹치는 부분이 헷갈려 분명한 차이를 얻고자 고민하였다. 그 결과 장인은 자신의 과학적 연구와 해석으로 합리적이고 보편타당한 기술을 얻고자 하지만 예술가는 자신의 정서를 반영하고 감성을 투사하여 특별하고 독창적인 작품을 만들고자 한다는 결론을 내렸다. 당신도 이렇게 T와 F 코드의 차이가 한 사람의 가치와 삶을 완전히 바꾸어 놓을 수 있다는 것에 깊이 공감하기를 바란다.

"양털처럼 부드럽고 따뜻한 사람"

유형들을 '성인군자형'이라고 부른다. 이들은 '보살'처럼 마음이 아늑하고 온화하다. 보살은 불교에서 '깨달음을 얻은 중생'을 일컫는 우리가 일상에서 관용적이고 온화한 성품으로 타인 앞에 겸손하며 따뜻한 감성을 지닌 사람을 가리킬 때 사용한다. ISFP 유형은 이 군자, 보살에 가까운 사람이라고 할 수 있다. 왜 그럴까? ISFP

유형을 하나씩 뜯어보자. 먼저 ISFP 유형은 내향 에너지인 I를 사용한다. I 성향을 가진 사람들은 자신이 드러나는 것보다 타인을 세워주는 겸손함이 있다. 또한, SF 성향을 가지고 있어서 이타적이며 따뜻한 감성으로 타인을 위해 매우 헌신적인 도움을 주는 사람들이다. 마지막으로 P 성향을 가지고 있어 삶을 너그럽게 포용할 줄 알고 세상과 조화롭게 살기 위해 애쓰는 사람이라고 할 수 있다. 이러한 겸손함, 이타심, 따뜻한 감수성, 헌신적인 도움, 포용력, 조화력을 두루 갖춘 ISFP 유형들은 MBTI의 성격 중에서 가장 관용적이고 온화한 성격을 가진 사람이라 할 만하다.

허나 ISFP 유형들이 조심할 부분이 있다. 지나친 인간애와 감수성으로 타인에게 베풀고 도움을 주다가 나중에 거절당하거나 버림을 받아 상처를 크게 받을 수 있다. 왕따 당하고 있는 사람에게 손을 내밀어 친구가 되어 주었는데 그 친구가 도리어 자신을 따돌려서 큰 어려움에 봉착할 수도 있다. 그러니 너무 보살처럼 점잖게만 굴지 말고 때로는 자신의 요구를 당당히 드러내서 자신이 너무 큰 손해를 보는 일이나 크게 상처받는 일이 발생하지 않도록 해야 한다. 적절히 자신이 원하는 것을 표현할 줄도 알고 타인이 상처받을까 두려워 항상 긍정적이고 좋은 말만 하기보다는 상대가 성장할 수 있는 피드백과 자신의 바람을 솔직히 알리는 것이 필요하다.

- 호기심이 많은 예술가형
- 자기 능력을 뽐내지 않고 겸손한 사람
- 인간애가 넘치고 덕이 있는 사람
- 자신의 감정이나 생각을 잘 표현하지 않는 사람
- 마음에 양털을 깔아 놓은 사람

- 겸손하고 헌신적이며 따뜻한 감수성을 가진 사람
- 세상과 조화하려고 하고 환경을 보호하는 사람
- 성인군자처럼 점잖고 인정이 많은 사람
- 주도해 나가기보단 충실히 따르는 사람
- 모든 유형 중에 가장 관용적이며 온화한 사람
- 거절이 쉽지 않은 사람
- 파란 옷을 사러 갔다가 점원에게 설득당해 빨간 옷을 입고 나오는 사람
- 교육에 가면 지갑이 다 털려 나오는 사람
- 배워서 남 주는 사람
- 타인에게 상처를 많이 받는 사람
- 상처를 받으면 쉽게 회복되지 않는 사람
- 타인에게 부정적인 피드백을 잘 못 하는 사람
- 거절할 수 있는 용기가 필요
- 자신의 권리를 주장할 수 있도록 노력
- 상대에게 자신의 요구를 적극적으로 드러낼 필요
- 상처받지 않기 위한 방법을 찾는 시도가 필요
- 주요인물 : '마이클 잭슨', '공자', '마하트마 간디'

ISFP의 기도

'주님, 항상 저의 권리를 주장할 수 있도록 도와주소서.
그러나 제 부탁에는 너무 신경 쓰지 마세요.'

ESTP

활동가, 프로모터, 스포츠매니아

....

주기능 : 감각(Se), 부기능 : 사고(Ti), 3차 기능 : 감정(F), 열등기능 : 직관(Ni)

"저금 vs 인출"

ESTP 유형에 대해 알아보자. ESTP 유형에 대해 이해하려면 앞서 살펴본 ISTP 유형과 비교해 볼 필요가 있다. 첫째 ISTP 유형과 ESTP 유형 간의 가장 큰 갭은 바로 'IS'와 'ES'의 차이라고 할 수 있다. IS 유형이 내향적 감각형이라서 내적인 감각이 발달해 있다면, ES 유형은 외향 감각형이라서 외적인 감각이 발달해 있다.

〈도널드 트럼프〉

따라서 IS 유형이 유지하고 보존하는 사람이라면 ES 유형은 몸으로 부딪치고 실천하는 사람이다. IS 유형이 계속해서 돈을 모아 저금하고 저축해 나갈 때 ES 유형은 계속해서 돈을 인출하고 투자해 나간다. IS 유형이 노력 절약형이라면 ES 유형은 과잉소비형이다. IS 유형이 어떻게 모을까를 고민한다면 ES 유형은 어떻게 소비할까를 고민한다. 이렇게 IS냐, ES냐에 따라 삶을 살아가는 목표와 방향이 달라진다.

둘째 ISTP 유형과 ESTP 유형 간의 다른 점은 'IP'와 'EP'의 차이라고 할 수 있다. IP 유형이 내향 인식형이므로 외부세계의 문제에 대해 내적으로 대응해서 모든 상황을 끌어안으려 한다면 EP 유형은 외향 인식형이므로 외부세계의 문제에 대해 외적으로 대응해서 모든 상황에 대처하려 한다. IP 유형이 상황을 지켜보는 사람이라면 EP 유형은 상황을 정면으로 돌파하는 사람이다. 따라서 IP 유형이 사태를 관망하고 묻어가면서 웬만하면 모든 상황을 수용한다면, EP 유형은 활동하고 탐험해서 무엇이든 새로운 경험을 통해 상황을 바꾸려는 태도를 보인다. IP 유형이 불이 났을 때 화재현장 밖에서 소방호스로 물을 뿌린다면 EP 유형은 불이 났을 때 화재현장 안으로 들어가 인명을 구조한다. IS 유형이 인내심과 끈기가 있다면 ES 유형은 모험심과 활력이 넘친다. 이렇게 IP와 EP의 차이에 따라 문제와 상황에 대처해 나가는 삶의 태도가 달라짐을 알 수가 있다.

"오감으로 느끼고 경험하는 사람"

ESTP 유형들을 '수완 좋은 활동가형'이라고 부른다. 이들은 프로모터라고 할 만큼 여러 분야에서 상당히 왕성한 활동을 하고 인생을 다이내믹한 인생을 사는 사람들이다. 특히 ESTP 유형들은 '오감'이 많이 발달해 있다. 운동을 너무 좋아해서 등산, 배드민턴, 야구, 축구 등 항시 가만히 있지 못하고 야외로 나가 활동하기를 좋아하며 스포츠를 광적으로 즐기는 모습이 있다. 에너지가 많고 역동적이라서 다방면에 흥미가 많고 호기심이 왕성해서 여러 사업을 추진하거나 외부의 다양한 경험을 추구하며 삶을 충분히 즐기기를 원한다. 현실감각이 강해서 추상적이고 개념적인 것을 좋아하지 않고, 깊이 있게 잘 알지는 못해도 적용하고 실행하는 능력이 탁월해서 실용적인 분야에서 영향력을 발휘하는 경우가 많다. 공부도 실생활에 적용할 수 있는 공부, 돈으로 부를 창출할 수 있는 실용적인 일을 추구하면서 지극히 현실주의자적인 삶을 살아간다.

순간대처, 임기응변이 좋아서 현실적인 문제들은 잘 해결하지만, 자신의 삶에 대한 뚜렷한 가치관이나 신념, 철학 등이 없어서 자칫 인생이 돈이 전부가 되어 놀이와 재미에만 에너지를 소진하다가 나이가 들수록 공허함과 허탈감이 커질 수 있다. 또한, 즉흥적으로 일을 벌이고 사전계획없이 행동하다가 뒷수습이 안 돼서 큰 손해를 보거나 꾸준하지 못하고 지루함을 견디질 못해서 시작만 하고 마무리 짓지 못하고 책임을 지지 못하는 일이 많다. 이렇게 ESTP 유형들이 시작은 거창하나 뒷심이 부족한 이유는 일을 시작할 때 왕성한 활동성을 보이는 외향성 에너지인 E와, 준비성과 계획 없이 느긋하게 여유를 부리다가 일이 마무리되는 끝 무렵에 기지개를 켜는 P 때문이다.

- 친구, 운동, 음식 등 다방면에 호기심이 왕성한 사람
- 강한 현실감각과 실용적인 특징이 강한 사람
- 모험을 즐기는 사업가
- 추상적인 아이디어나 개념에는 흥미가 없는 사람
- 잘 알지 못해도 적용하고 실행하는 능력이 타고난 사람
- 야외활동을 좋아하는 광적인 스포츠맨

- 오감이 상당히 발달해 있는 사람
- 돈을 좋아하고 인생을 즐기려고 하는 사람
- 도산지경의 회사를 흑자지경으로 만드는 사람
- 생생한 현장감, 재미를 중요시하는 사람
- 공부를 해도 실생활과 연결되는 공부를 하는 사람
- 극현실주의자로 실생활의 상식이 풍부한 사람
- 왕년에 많이 놀아본 사람
- 시험시간 마감할 때까지 여유 부리다가 제출하는 사람
- 잔머리의 왕으로 순간 대처에 능숙한 사람
- 출발시간만 있고 도착시간은 없는 사람
- 어디서든 재미있는 분위기를 만드는 재주가 있는 사람
- 몸이 매우 민첩하고 운동신경이 좋은 사람
- 즉흥적인 행동으로 손해를 보기도 하고 준비 없이 일을 벌여 수습이 안 되는 사람
- 뒤늦게 공부를 시작하는 만학도로서 나중에 철이 드는 사람
- 시간이 지나면 제자리로 돌아오는 사람
- 물질에 대한 소유욕과 집착을 버리고 삶의 가치와 철학을 세울 필요가 있음
- 일을 끝까지 마무리할 수 있는 끈기와 인내심을 계발할 필요가 있음
- 주요인물 : '도널드 트럼프'

ESTP의 기도

'주님, 제가 저의 행동에 대한 책임감을 갖도록 도와주소서.
비록 제 잘못은 아니었지만…….'

ESFP

사교가, 엔터테이너, 연예인

· ·

주기능 : 감각(Se), 부기능 : 감정(Fi), 3차 기능 : 사고(T), 열등기능 : 직관(Ni)

"깊은 관계 vs 넓은 관계"

ESFP 유형에 대해 알아보자. ESFP 유형에 대해 이해하려면 앞서 살펴본 ISFP 유형과의 비교가 필요하다. ISFP 유형은 예술가라는 별칭이 붙을 만큼 특정한 분야에서 오랜 기간 자신의 섬세한 감각으로 작품을 만들어 내고 따뜻한 감성으로 타인을 겸손히 지원하는 사람들이다. 그렇다면 ESFP 유형은 어떤가? ESFP 유형

〈마릴린 먼로〉

의 사람들은 예술가처럼 한 분야만이 아니라 다방면에서 그 재능이 드러나는 팔방미인들이다. 또한, ISFP 유형처럼 사람을 사귀는 데 시간이 걸리지 않고 빨리 적응하며 인간관계에서 뛰어난 사교성을 보여 준다.

이러한 차이는 무엇이 다르기 때문일까? 바로 I와 E가 다르기 때문이다.

내향적인 사람들은 외부세계보다 내면세계가 더 크기 때문에 타인에게 적응하는 데 시간이 걸리지만 한번 적응하면 오랜 시간 정착하는 모습이 있고, 외향적인 사람들은 내적세계보다 외부세계가 더 크기 때문에 다양한 대상과 빠르고 쉽게 잘 어울리지만 관계가 오래가지 못한다. 또 내향적인 사람들은 돌다리도 두들기는 식으로 진지하고 신중하며 깊게 파고들지만, 외향적인 사람들은 오늘만 대충 수습하며 살자는 식으로 가볍고 단순하며 넓고 다양하게 경험하려 한다. 이처럼 I와 E의 차이로 인해 ISFP 유형들이 외롭고 고독한 환경에서 혼자 살아가는 라이프가 익숙하고 관계에 있어 자신을 천천히 드러내지만 ESFP 유형들은 밝고 긍정적인 분위기 속에서 다양한 사람들과 어울려 살아가는 라이프가 익숙하고 처음부터 자신을 잘 드러내며 개방하는 모습이 있다.

"사교적이며 매력이 넘치는 사람"

ESFP 유형들을 '사교적인 유형'이라고 부른다. 이들은 특히 사람들을 즐겁게 해 주는 소질이 아주 타고난 사람이다. 타고난 엔터테이너로서 다방면에 매력이 넘치고 연예인처럼 항시 타인 앞에 나설 준비가 돼 있는 사람이다. 또한, 어떤 공동체나 조직 안에서 약방의 감초처럼 분위기 메이커 역할을 잘해서 어둡고 침울했던 분위기를 금세 끌어올리며 조직을 활기차게 만드는 재주가 있다. 자유로운 영혼의 소유자라서 특정한 관계나 일에 얽매이지 않고 자신이 좋아하고 하고 싶은 것을 참지 못하고 미리 계획하기보다 즉흥적이며 충동적으로 사는 모습이 있다. ESFP 유형들은 낙천적인 성향이 강하다. 만사를 복잡하게 생각하지 않고 태평하고 여유로우며 주변에 긍정적인 기운을 전파하는 행복전도사들이다.

그러나 ESFP 유형들이 가진 가장 큰 단점은 공사를 구분하지 못하는 모습이라 할 수 있다. 매사에 진지하지 못하고 가벼운 태도로 일을 쉽게만 풀어 가려 하기 때문에 충동적으로 일을 저지르고 절제하지 못하는 모습이 있다. 삶은 늘 긍정적이고 즐거울 수만은 없다. 새옹지마(塞翁之馬)라는 말처럼 인생은 항시 화창하고 좋은 날만 있는 것도 아니고 불행한 날만 있는 것도 아니다. 긍정성이 너무 지나쳐 진지하고 어려운 문제는 기피하고 복잡한 일은 회피하면서 인생을 대충대충 살아간다면 결국 제대로 해결된 문제들이 없어서 언젠가 삶의 위기가 찾아와 자신을 큰 수렁에 빠뜨릴 수 있다. 그러니 진지할 때는 진지하게 자신의 충동을 잘 조절하는 절제가 필요하다.

- 주변에 사람을 몰고 다니는 사람
- 인간적인 매력이 넘치고 사람들이 좋아하는 유형
- 자유로운 영혼의 연예인 기질이 있는 사람
- 인정 욕구가 많고 사람들로부터 주목받고 싶은 사람
- 낙천적이고 사교적인 사람
- 사람들을 항시 즐겁게 해 주는 재주가 있는 사람
- 타고난 엔터테이너, 팔방미인
- 자신의 외모와 옷, 자신의 색깔을 드러내기를 좋아하는 사람
- 많은 친구들과 동조자를 데리고 있는 사람
- 조직이나 공동체에서 분위기메이커 역할을 하는 사람
- 분위기 다운되면 다시 오는 사람

- 해피바이러스, 종합비타민, 행복전도사
- 주변에 긍정적 에너지를 전파하는 사람
- 공동묘지를 휘파람 불면서 걷는 사람
- 약방의 감초처럼 활력을 불어넣는 사람
- 오늘만 대충 수습하며 사는 사람
- 깊게 파고들고 복잡한 것을 싫어하는 사람
- 일과 레크레이션을 잘 구분하지 못하는 사람
- 공사가 다망한 사람(공사 구분이 안 되는 사람)
- 진지한 구석이 없고 가벼운 사람
- 만사를 즐기고 태평하게 사는 사람
- 항상 대중 앞에 나설 준비가 되어 있는 사람
- 항상 미소와 웃음을 잃지 않는 사람
- 충동적인 기질로 절제하지 못하는 사람
- 삶을 진지하게 받아들이는 태도가 요구
- 지나친 긍정을 내려놓고 공사를 구분하는 태도가 필요가 있음
- 지나친 친절로 상대에게 헛바람을 넣지 않을 필요가 있음
- 주요인물 : '마릴린 먼로'

ESFP의 기도

'주님, 제가 세상일을 진지하게 대할 수 있도록 도와주소서.
특히 춤이나 파티를요!'

"현실주의자 vs 이상주의자"

INFP 유형에 대해 알아보자. INFP 유형에
대해 이해하려면 앞서 살펴본 ISFP 유형과의
상호비교가 필요하다. 그동안 필자가 정리한
MBTI 유형들의 비교분석을 유심히 살펴보았
다면 이번에도 어렵지 않게 ISFP 유형과 INFP
유형을 구분할 수 있을 것이다. ISFP 유형과
INFP 유형의 다른 점은 가운데 있는 'SF'와 'NF'

〈잔 다르크〉

의 차이라고 할 수 있다. 'SF' 유형이 '현실주의자'라면 'NF' 유형은 '이상주
의자'들이다. 따라서 'SF' 유형들이 현실적인 목표를 중요시한다면 'NF' 유
형들은 이상적인 목표를 중요시한다. SF 유형처럼 현실성을 중요시하는
사람들은 먹고사는 문제, 당장 눈앞에 보이는 것들에 대한 관심이 높다.

그러나 'NF' 유형처럼 이상적인 것을 추구하는 사람들은 당장 눈앞에 놓인 먹고사는 문제나 현상보다는 사물의 본질과 이면을 중요시하며 자신의 이상적 목표를 이루는 데 더 큰 관심이 있다.

이러한 차이는 프로이트의 정신분석이론에 기초를 두고 있다. 프로이트는 기본적으로 인간의 성격이 '원초아(id), 자아(ego), 초자아(superego)'로 구성되어 있다고 보았다. 이는 인간의 생물학적 욕구인 원초아 즉 본능의 기본적인 욕구 충족을 위해 외부현실과 적절히 타협하여 현실성을 추구하는 성격인 자아와 현실보다는 완전함을 위해 자신의 이상을 추구하는 성격인 초자아라는 성격의 구성 요소가 MBTI 유형에 그대로 반영된 것이라고 할 수 있다. 따라서 ISFP 유형과 INFP 유형이 모두 사람에 대한 관심과 책임이 강하지만 서로 인간의 가치에 대해 '현실'과 '이상'으로 나뉘면서 대극을 이루고 있다는 점에 유념할 필요가 있다.

"낭만과 이상으로 먹고사는 사람"

INFP 유형들을 '잔 다르크형'이라고 부른다. 잔 다르크는 영국과 프랑스의 오랜 전쟁이었던 백년전쟁에서 프랑스를 구원한 소녀이다. 어릴 때부터 신앙이 독실했던 잔 다르크는 16살 천사로부터 계시를 받고 왕세자를 찾아간다. 그녀는 당시 왕위계승권을 놓고 벌어진 귀족 간의 싸움 속에서 전쟁으로 아무 상관도 없이 피해를 입고 죽어가야 했던 일반 백성들을 위해 프랑스를 승리로 이끌었던 민중의 딸이었다. 여기서 주목할 점은 잔 다르크가 천사로부터 계시를 받고 그 계시대로 충실히 이행했다는 점이다. 또한, 잔 다르크는 자신의 신념을 굽히지 않다가 19세에 마녀사냥의

표적이 되어 사제의 도움 없이도 천사로부터 직접 계시를 받을 수 있다는 이유로 처형을 당하게 되었고, 훗날에 가서야 그 진실이 드러나게 되었다. 이러한 점이 바로 잔 다르크가 자신이 지향하는 이상에 대해 정열적인 신념을 가진 INFP 유형이라는 근거라고 할 수 있다.

또 INFP 유형을 '몽상가' 유형이라고 부른다. 기본적으로 많은 사람을 동시에 만족시키려는 이상이 아주 높고, 이상향 자체도 굉장히 정교하고 세심한 사람이며 이상에 대한 완벽주의가 있다. 자신이 가진 이상과 목표에 대해 정열적이고 적극적으로 이루어나가려는 모습이 있고, 무엇보다 내면세계에 대한 깊은 관심이 있어서 자아실현, 자아성장을 중요시하며 물질적 소유나 물리적 환경에는 별 관심이 없는 낭만적인 모습이 있다. 따라서 INFP 유형들은 자신이 가진 높은 이상을 어떻게 실제로 이루어 낼 수 있는지 고민하는 자세가 필요하다.

- 잔 다르크, 문학소년 소녀형
- 뭔가 세 보이는 사람
- 굉장히 이상적인 사람
- 진실을 추구하며 사려가 깊고 이타적인 사람
- 자신이 관계하는 일이나 사람에 대한 책임감이 강한 사람
- 마음이 따뜻하고 이해심이 많으며 관대한 사람
- 자신이 가진 이상에 대해 적극적으로 해 나가는 사람
- 많은 사람을 다 만족시키려는 부담감을 가진 사람
- 물질적 소유나 물리적 환경에는 별 관심이 없는 사람
- 이상향 자체가 굉장히 정교하고 세심한 사람

- 학습, 언어, 독립적인 일에 관심이 많은 사람
- 언어, 문학, 상담, 심리학, 과학, 예술 분야에 능력이 있는 사람
- 내면세계, 자아실현, 자아성장에 관심이 많은 사람
- 상대방을 잘 알기 전까지는 자신을 잘 드러내지 않는 사람
- 어떻게 하든 이루어 내지만 일을 너무 많이 벌이는 사람
- 인간의 향기를 느끼게 하는 사람
- 종교성이 강하고 상상력이 풍부한 문학적 소질이 있는 사람
- 언어 사용에 있어 천부적인 소질이 있는 사람
- 조용하나 자신의 목표에 있어 정열적인 사람
- 인격 모독이나 신의가 위협당할 시 한 치의 양보도 없는 사람
- 어딘가에 얽매이지 않고 자유롭게 살고 싶은 사람
- 언어가 내 생각을 다 못 담아냄(언어의 한계)
- 내적신념이 확고하고 자기신념에서 물러서지 않는 사람
- 느리게 느긋하게 느끼며 사는 사람(삼느법칙)
- 글쓰기, 상징, 비유로 내면에 감동을 주는 사람
- 인간이해나 복지, 종교적 역할을 하는 사람
- 이상에 대한 완벽주의와 이 생각, 저 생각을 반추하며 자기생각이 많음
- 비유적 표현으로 상대의 마음을 찔러 상처 주지 않도록 주의
- 자신의 높은 이상을 실제로 이루어 내기 위해 노력할 필요가 있음
- 주요인물 : '잔 다르크', 『제인 에어』의 저자 '샬롯 브론테', 『어린 왕자』의 저자 '생텍쥐페리', 『별』의 저자 '알퐁스 도데'

INFP의 기도

'주님, 부디 제가 시작한 일을 반드시 끝낼 수 있게……'

INTP

사색가, 철학가, 비평가

....

주기능 : 사고(Ti), 부기능 : 직관(Ne), 3차 기능 : 감각(S), 열등기능 : 감정(Fe)

"사람디자인 vs 건물디자인"

INTP 유형에 대해 알아보자. INTP 유형에 대해 이해하려면 앞서 살펴본 INFP 유형과의 비교가 필요하다. INFP 유형은 앞에서도 언급한 것처럼 굉장히 이상적이고 내면세계에 대한 관심이 많아서 자신의 신념에 대해 열정적으로 살아가는 사람들이다. ISTP 유형에서 언급한 것처럼 주기능은 외향형(E)일 경우 그대로 J는

〈임마누엘 칸트〉

T(e)나 F(e)가, P는 S(e)나 N(e)이 주기능이 되지만 내향형(I)일 경우에는 주기능이 e가 아니라 i를 따라가므로 INTP의 주기능은 N(e)가 아닌 T(i)가 된다. 특히 INTP 유형은 주기능인 T를 안(i)으로 쓰기 때문에 INFJ 유형처럼 F를 밖(e)으로 써서 인간을 돕는 측면보다 인간을 이해하는 측면 즉 자

아성찰, 자기실현에 대한 의욕이 강하다. INFJ 유형처럼 F를 밖(e)으로 써서 인간을 돕는 측면보다 인간을 이해하는 측면 즉 자아성찰, 자기실현에 대한 의욕이 강하다. 반면 INTP 유형은 굉장히 논리적이고 아이디어에 대한 관심이 많아서 지적인 호기심이 왕성한 사람들이다. 특히 주기능인 T를 안(i)으로 쓰기 때문에 INTJ 유형처럼 T를 밖(e)으로 써서 지식을 활용하는 측면보다 지식을 파고드는 측면이 있다. 논리적인 사색, 이론에 대한 통찰력으로 논리적으로 납득되지 않거나 이해되지 않으면 감흥을 잘 느끼지 못한다.

또 INFP 유형의 사람들이 사람에 대한 이해, 인간에 대한 통찰력이 있어서 사람을 일깨우고 인간을 성장시키는 데 있어 그 능력이 최적화되어 있다면, INTP 유형의 사람들은 잘 풀리지 않는 숙제, 해결되지 않는 수수께끼 같은 난해하고 복잡한 이론들을 생각하고 또 생각해서 원인을 규명하고 문제의 해법을 찾아내는 능력이 최적화되어 있다고 할 수 있다. 따라서 INFP 유형들이 인간에 대한 열정으로 사람을 짓고 인간의 마음을 디자인하는 데 재능이 있는 사람이라면, INTP 유형들은 아이디어에 대한 열정으로 건물을 짓고 건축물을 디자인하는 데 재능이 있는 사람이라고 할 수 있다.

"혼자서 끊임없이 사색하는 사람"

INTP 유형들을 '아이디어 뱅크형'이라고 부른다. 이러한 별칭을 통해 우리는 INTP 유형들이 얼마나 아이디어가 풍부하고 논리적인 성향이 강한지 알 수 있다. 그런데 한 부분이 너무 강하면 반대쪽 성향이 상당히 취약

해질 수 있다. 예를 들어 직장에 들어가기 전에 우리는 면접이란 것을 경험하게 된다. 면접현장에서 면접관들은 반드시 이런 질문을 한다. "당신의 장·단점, 강점과 약점은 무엇인가요?"라고 말이다. 그러면 우리는 "나는 이런 장점이 있어요. 그리고 이런 부분에 재능이 있고 능력이 있습니다"라고 대답한다. 그리고 면접관은 이어서 이렇게 질문한다. "그렇다면 당신이 가진 약점, 단점은 무엇인가요?" 그럴 때 우리는 자신의 약점이나 단점에 대해 말하기를 주저하고 소극적으로 답하는 경우들이 있다. 이렇게 되면 면접관으로부터 좋은 평가를 얻기 어렵다. 왜냐하면, 이것은 자신에 대해 반쪽만 알고 있지 전체적으로 이해가 되지 않은 상태가 되기 때문이다. MBTI는 이런 부분을 주기능과 열등기능으로 비교해 주고 있다. INTP 유형의 주기능 즉 강점이라고 할 수 있는 모습이 매우 정확하고 논리적이어서 문제를 과학적이고 수학적인 방법으로 해결해 가는 점이라면 그에 반면 열등한 모습, 약점이라고 할 수 있는 부분은 바로 관계성과 사회성이 부족해서 주변 사람과 잘 어울리지 못하는 점이다. 직장은 나 혼자 일하는 곳이 아니라 함께 일해야 하는 곳이다. 아무리 천재적인 아이디어로 논리적인 해결능력을 갖추고 있다 하더라도 사회생활의 기본요소인 인간관계나 공동체, 모임 등에 적응하지 못하면 직장 내에서도 왕따와 따돌림을 받을 수 있다. 그러니 INTP 유형들이 사람들과 자주 어울리고 만나 적극적으로 소통하는 법을 배워간다면 자신의 아이디어를 통해 많은 사람이 도움을 받게 될 것이다.

- 아이디어를 많이 내는 사람
- 머리가 가장 좋은 수재

- 논리의 결정체, 논리적 사색가
- 분석적이고 비평적인 사람(영화평론가, 문학평론가)
- 직관력과 통찰력이 있는 사람
- 지적 호기심이 많은 사람
- 생각이 많은 사람
- 조용하고 과묵하지만 관심 분야에 대해선 능숙하게 말을 잘하는 사람
- 무조건 명령하는 것은 받아들이지 못함
- 논리적으로 이해되고 납득되어야 행동을 함
- 생각에 생각을 깨고 나오는 한 차원 높은 생각을 함
- 자신이 꽂힌 것에 대해 끝까지 파고드는 사람
- 관심의 종류가 뚜렷함
- 이론에 상당한 관심이 많고 책을 좋아함
- 자기만의 독립적인 시간을 중요시함, 나 홀로 여행
- 토론할 수 있는 주제를 좋아함
- 음표 하나하나가 정확히 이해되고 분석되었을 때 감흥이 온다고 함
- 사적인 인간관계, 공동체, 모임에 대한 관심이 없는 사람
- 머리가 아주 똑똑해서 무엇이든 논리적으로 잘 해결해 가는 사람
- 농담, 잡담에 대해선 관심이 없는 사람
- 너무 정확하고 논리적으로 딱딱 떨어지는 사람
- 순수과학, 수학, 엔지니어링, 추상적인 개념의 경제, 철학에 관심
- 관념적, 이론적, 수치적 심리학 분야에 관심
- 지적인 측면이 강해 인간관계에 취약
- 상대의 감정을 고려하는 측면이 취약

- 자신의 지적 호기심을 활용할 수 있는 분야에 능력을 발휘
- 지적 능력이 탁월하고 문제 해결 능력이 우수
- 번뜩이는 아이디어로 창조적 가치를 만듦
- 인간관계에서 매우 교만한 모습을 보이기도 함
- 타인에게 비칠 자신의 모습에 관심이 없음
- 독립적이고 분석적이지만 정서적, 관계성 부족
- 주변 관계, 사회성, 친화 능력이 떨어짐
- 천재적인 식견과 더불어 주변 사람과 어울리는 모습이 필요가 있음
- 주요인물 : '임마누엘 칸트'

INTP의 기도

'주님, 제가 너무 독단적이지 않게 도와주소서.
하지만 제 맘대로 하도록 내버려두세요.'

ENFP

열정가, 스파크, 액티브한 사람

....

주기능 : 직관(Ne), 부기능 : 감정(Fi), 3차 기능 : 사고(T), 열등기능 : 감각(Si)

"한국적 성향 vs 유럽적 성향"

ENFP 유형에 대해 알아보자. ENFP 유형에 대해 이해하려면 앞서 살펴본 INFP 유형과의 비교가 필요하다. INFP 유형이 자신의 이상과 신념에 따라 어떤 상황이 오더라도 굴하지 않고 열정을 발휘하는 사람이라면, ENFP 유형은 특정한 관습이나 기준에 얽매이지 않고 매사에 능동적이며 활력이 넘치는 열정 그 자체를 가

〈라푼젤〉

진 사람이라고 할 수 있다. 또 INFP 유형들이 내적세계에 대한 열정이 충만해 있다면 ENFP 유형들은 외부세계에 대한 열정으로 가득 차 있다. 필자는 맨 처음 ISTJ 유형이 가장 한국적인 유형이라고 설명한 바 있다. 우리나라가 규칙성과 안정성을 중요시하는 전형적인 내향인들의 대표적

ISTJ 유형이라면 유럽의 국가들은 자율성과 개방성을 추구하는 전형적인 외향인들의 ENFP 유형을 가지고 있다고 할 수 있다.

그중 유럽에서 독립하여 가장 큰 경제성장을 이룬 '미국'을 보면 ENFP 유형이 어떤 사람들인지 가늠해 볼 수 있다. 미국이 아직까지 인종차별로부터 완전히 자유로워졌다고 볼 순 없지만, 유럽, 아시아, 아프리카 등 서양인, 동양인, 흑인, 백인 할 것 없이 개신교 신앙에 뿌리를 두고 다양성이 함께 공존하며 모두가 평등한 사회를 지향하는 전형적인 외향인의 특징을 보인다. 오바마와 오프라 윈프리의 사례는 미국이 인종차별의 벽을 넘어 흑인이라는 다양성을 수용한, 외향성이 강한 나라임을 말해 준다. 먼저 흑인 최초로 미국 44대 대통령에 당선된 버락 오바마의 사례와 미국의 대표적인 토크쇼를 진행하며 아동 성 학대를 근절하기 위해 노력한 흑인 아나운서 출신 오프라 윈프리의 사례가 그 대표적인 예다. 이것은 미국이 다문화를 지향하고 있으며 신 앞에 누구나 평등할 수밖에 없는 이상적인 사회를 만들기 위해 노력하고 있음을 보여 주는 NF 성향의 단적인 예라 할 수 있다. 또 미국이 종교적 자유, 영국으로부터의 자주독립, 세계 최초의 대통령제, 여성 참정권, 흑인 인권운동 등의 완전한 자유민주주의를 향해 나아가는 모습은 자율성을 추구하는 P 성향의 특징이라고 할 수 있다. 이처럼 서양의 문화를 대표하는 미국의 ENFP 성향과 우리나라의 ISTJ 성향을 비교한다면 우리가 가진 MBTI 성향이 어떤 모습인지 다시 한번 조명해 볼 수 있을 것이다.

"열정이 넘치는 액티브한 사람"

ENFP 유형들을 '스파크형'이라고 부른다. 왜 그럴까? MBTI 코드를 살펴보면 I, S, T, J 형이 내향적, 현실적, 사고적, 계획적이기에 내향인들에게 최적화되어 있다면 E, N, F, P 형들은 외향적, 이상적, 감성적, 자율적이기 때문에 외향인들에게 최적화되어 있다고 할 수 있다. 이들은 외향이라는 적극적이고 능동적인 태도의 기본 엔진을 달고 눈앞에 보이는 것 이면을 보며 미래와 가능성을 내다보는 매우 이상적인 가치를 지향한다. 또 인간에 대한 이해, 사람에 대한 관심을 가지고 열정적으로 관계를 만들어가는 사람들로서 권위와 규칙, 전통이나 관습에 얽매이지 않고 즉흥적이며 자율적으로 상황에 대처해나가는 액티브한 사람들이다.

특히 ENFP 유형들은 사람들 앞에 나설 때 뭔가 에너지를 발산하고 활력이 끊이지 않아서 불꽃 튀는 열정으로 에너지가 주체되지 않는 모습을 보인다. 즉흥적이고 충동적이라서 자주 실수를 저지르며 꼼꼼하기보단 덜렁대는 모습이 있고, MBTI 유형 중 관계 욕구가 가장 높은 유형이라서 관계의 단절이나 상호작용이 끊어질 때 힘들어하는 경우가 있다. 사람과의 친화력과 적응력이 높아서 어떤 사람과도 쉽게 친해지고 모든 사람에게 인기를 끌며 주변에 사람들이 모여드는 장점이 있지만, 충동적으로 일을 벌여 지루함을 견디지 못하고 관계의 지속성이 떨어져 모든 일이나 관계가 나중에는 흐지부지되는 경우가 많다. 또 기분이 좋을 때는 한없이 긍정적이며 열정적이다가도 기분이 나빠질 때는 확 가라앉는 우울한 사람이 되어 감정에 기복을 보이는 단점이 있다. 이렇게 ENFP 유형들이 굉장히 열정적이고 능동적인 에너지를 가지고 있지만, 기복이 심한 감정을 잘 조절할 수 있어야 끝까지 에너지를 잃지 않는 열정을 유지할 수 있을 것이다.

- 통통 튀는 매력을 가진 스파크형

- 불꽃이 튀기는 에너지를 가진 사람

- 즉흥적인 상황 판단과 유머를 겸비한 사람

- 열정적으로 관계를 만드는 사람

- 사람에 대한 감정 파악에 선수인 사람

- 재기발랄한 활동가, 분위기 메이커

- 자동차 시동을 여기저기 걸어 주는 스파크

- 눈앞에 있는 그 이상과 이면을 보는 사람

- 호기심과 관심사가 많은 사람

- 모든 친구에게 다 잘해 주는 사람

- 천성적으로 관습이나 규칙에 얽매이지 않는 사람

- 물건을 자주 잃어버리고 꼼꼼하지 못한 사람

- MBTI 유형 중 관계 욕구가 가장 큰 사람

- 관계의 단절은 사형 선고와 같은 사람

- 관계의 지속력이 떨어지는 사람

- 사람들과 상호작용하기 위해 존재하는 사람

- 기분이 좋을 때는 너무 좋지만 나쁠 때는 확 가라앉는 사람

- 감정이 순수하고 사람을 좋아하는 사람

- 즉흥적으로 일을 저지르고 덤비는 사람

- 나중에 모든 일이나 관계가 흐지부지되는 사람

- 가만히 있어도 주변에 사람이 모여드는 사람

- 모든 사람에게 인기가 있는 사람

- 부정에서 긍정을 이끌어 내는 사람

- 결과가 실패했더라도 과정은 실패하지 않았다고 믿는 사람
- 열심히 일한 당신 떠나라!(그만 떠나야 하는 사람)
- 한 번에 한 가지 일을 하도록 노력할 필요가 있음
- 기복이 심한 감정을 조절할 필요가 있음
- 주요인물 : '라푼젤'

ENFP의 기도

'주님, 제가 한 번에 한 가지(순간 비행기를 보고 "우왜! 저기 봐!")
일에만 집중하게 도와주소서.'

"생각이 먼저 vs 행동이 먼저"

이제 마지막으로 ENTP 유형에 대해 알아보자. ENTP 유형에 대해 이해하려면 앞서 살펴본 INTP 유형과의 비교가 필요하다. INTP 유형들은 내향이기 때문에 계속해서 아이디어가 생길 때마다 안으로 저장하는 특징이 있다면, ENTP 유형들은 외향이기 때문에 아이디어가 떠오를 때마다 밖으로 출력하는 특징이 있다.

〈레오나르도 다 빈치〉

INTP 유형을 아이디어 뱅크형이라고 하고 ENTP 유형을 발명가라 부르는 이유는 바로 이 때문이다. 따라서 같은 NT형이라도 외향인지, 내향인지 여부에 따라 사람의 유형이 180도 달라진다. 앞서 우리는 ISTP 유형이 돈을 모아 통장에 저축하는 유형이라면 ESTP 유형은 돈을 벌어 통장에서 인출하는 사람이라고 비교한 바 있다. 이처럼 INTP 유형들은 내향인들이기 때문에 아이디어를 내면에 저축하듯이 계속해서 수집하는 경향이 있다면, ENTP 유형들은 외향인들이기 때문에 아이디어를 외부로 꺼내 사용하는 경향이 있는 것이다.

또한, 주기능이 무엇이 되느냐에 따라 성격이 달라질 수 있음을 알아야 한다. INTP 유형의 주기능은 T이고 ENTP 유형의 주기능은 N이다. 예를 들어 INTP 유형들은 주기능인 T가 우선이 되기 때문에 행동하기 전 자신의 머릿속으로 충분히 심사숙고한 뒤 생각을 행동으로 옮기는 특징이 있다. 그러나 ENTP 유형들의 주기능은 N이기 때문에 T가 뒤로 밀려나 생각보다는 상황에 부딪혀 행동을 먼저 시도한 후 뒤늦게 사고하는 특징을 보인다. 이처럼 MBTI 유형들이 가진 주기능은 그 유형의 성격을 바꾸는 또 하나의 키가 됨을 명심하자.

"미지의 세계를 탐험하는 사람"

ENTP 유형들을 '발명가형'이라고 부른다. 주기능인 N이 가장 발달한 유형이라서 현재보다는 미래, 현실보다는 이상, 사실보다는 새로운 가능성을 추구하는 사람이라고 할 수 있다. 일단 무엇이든 계속해서 시도해 보고 도전하는 것에 의미를 두는 사람들이다. 그러다 보니 일상적인 문제나 고민보다는 복잡하고 어려운 문제, 남들이 잘 하지 않는 일들, 시도하지 않는 일들에 굳이 관심을 가지고 달려들어 그것이 해결될 때까지 계속해서 도전하는 모습이 있다. 무려 2,399번의 시도 끝에 백열전구를 발명한 토머스 에디슨이 "나는 단 한 번도 실패한 적이 없다. 전구에 불이 안 들어오는 2,399개의 이유를 알았을 뿐이다"라고 이야기한 것은 ENTP 유형들이 얼마나 도전에 대해 애착을 가지고 있는지 알 수 있는 대목이다. 새로운 도전, 가능성에 대한 열망으로 마치 세상에 불을 지르기 위해 태어난 사람들처럼 남들이 생각지도 못한 독창적인 아이디어와 뛰어난 영감은 인간을 지상에서 하늘로, 하늘에서 우주로 뻗어 나가는 길을 만들고 있다.

그러나 현재를 살기보다 미래에 살고 일상적인 일보단 새로운 일에 관심이 많다 보니 끝도 없이 일을 만들어 삶의 여유나 한가한 시간이 없고, 삶이 삼천포에 빠진 사람처럼 현실과 동떨어져 사는 경우가 많다. 지도 밖에서 현재를 잊고 미래만 준비하기보다 우리가 살고 있는 현재에 충실하면서 미래를 준비해 간다면 일상의 행복과 여유로움을 느끼며 시작한 일을 끝까지 마무리 짓지 못하는 용두사미가 되지 않을 것이다.

- 유쾌하고 개방적이며 새로운 것에 도전하는 사람
- 동에 번쩍 서에 번쩍하는 사람
- 논쟁을 즐기는 변론가, 선의의 비판자
- 안목이 넓고 독창적이며 다방면에 관심과 재능이 많은 사람
- 전형적인 탐험가 유형
- 어떻게든 되겠죠. 하는 사람
- 마무리가 안 되더라도 하나하나 시도해 보는 것에 의의를 두는 사람
- 뒷심이 부족한 용두사미형
- 지도 밖으로 행군하는 사람
- 삼천포에 사는 사람

- 세상에 불을 지르기 위해 온 사람
- 할 말은 하며 딴지, 맞장 뜨는 사람
- 주변 사람을 흥분시키는 데 천재적인 재능을 가진 사람
- 풍부한 상상력은 물론 미래의 동향에 대해 박식한 사람
- 뭔가 새로운 것을 만들어 내는 영감과 통찰을 주는 사람
- 익살스럽고 괴짜 같은 사람
- 새로운 가능성에 대해 감지하고 도전하는 사람
- 일상적인 일보다 복잡하고 새로운 일에 관심이 있는 사람
- 부단히 새로운 것을 찾는 사람
- 일을 끝도 없이 만들어 내며 자신이 무엇을 하고 있는지도 모르는 사람
- 일상적이고 세부적인 일은 간과하는 사람
- 일상적인 규범이나 표준 절차에 답답함을 느끼는 사람
- 삶의 여유가 없고 한가한 시간이 없는 사람
- 현재를 살고 일상의 행복을 충분히 만끽할 필요가 있음
- 이상에 대한 높은 기준을 낮출 필요가 있음
- 주요인물 : '발명왕 에디슨', '레오나르도 다 빈치'

ENTP의 기도

'주님, 제가 오늘은 정해진 절차를 따르게 도와주소서.
다시 생각해 보니 바뀌어야 할 게 있네요.'

〈MBTI 유형 간 공통점과 차이점〉

MBTI 유형	공통점	차이점
ISTJ(원칙가) VS ISFJ(수호자)	내향(I) : 조용함, 깊이, 집중력 감각(S) : 현실감각, 실용적, 구체성 판단(J) : 조직력, 책임감, 근면성	사고(T) : 일, 문제 해결 지향 감정(F) : 사람, 관계 지향
ISTJ(원칙가) VS ESTJ(행정가)	감각(S) : 현실감각, 실용적, 구체성 사고(T) : 논리성, 객관성, 분석력 판단(J) : 조직력, 책임감, 근면성	I : 보수적 성향 E : 진보적 성향
ISFJ(수호자) VS ESFJ(봉사자)	감각(S) : 현실감각, 실용적, 구체성 감정(F) : 사람, 감성, 관계 지향 판단(J) : 조직력, 책임감, 근면성	I : 뒤에서 도와줌 E : 나서서 도와줌
ISFJ(수호자) VS INFJ(예언자)	내향(I) : 조용함, 깊이, 집중력 감정(F) : 사람, 감성, 관계 지향 판단(J) : 조직력, 책임감, 근면성	SF : 현실형, 직접적 지원 NF : 미래형, 이면적 지원
INFJ(예언자) VS INTJ(연구자)	내향(I) : 조용함, 깊이, 집중력 직관(N) : 미래, 가능성, 개념적 판단(J) : 조직력, 책임감, 근면성	NF : 인간 탐구 NT : 지적 탐구
INFJ(예언자) VS ENFJ(연설가)	직관(N) : 미래, 가능성, 개념적 감정(F) : 사람, 감성, 관계 지향 판단(J) : 조직력, 책임감, 근면성	IN : 글로 설명, 책 EN : 말로 설명, 강의
INTJ(연구자) VS ENTJ(지도자)	직관(N) : 미래, 가능성, 개념적 사고(T) : 논리성, 객관성, 분석력 판단(J) : 조직력, 책임감, 근면성	IT : 진지한, 신중한 사고 ET : 추진적, 개혁적 사고
ISTJ(원칙가) VS ISTP(기술자)	내향(I) : 조용함, 깊이, 집중력 감각(S) : 현실감각, 실용적, 구체성 사고(T) : 논리성, 객관성, 분석력	J : 계획적이고 바쁜 일상 P : 개방적이고 여유로운 삶

MBTI 유형	공통점	차이점
ISTP(기술자) VS ISFP(예술가)	내향(I) : 조용함, 깊이, 집중력 감각(S) : 현실감각, 실용적, 구체성 인식(P) : 자율성, 개방성, 융통성	Ti : 사고를 안으로 쓰는 사람, 기술 Fi : 감정을 안으로 쓰는 사람, 예술
ISTP(기술자) VS ESTP(활동가)	감각(S) : 현실감각, 실용적, 구체성 사고(T) : 논리성, 객관성, 분석력 인식(P) : 자율성, 개방성, 융통성	IS : 유지, 보존, 저축 ES : 실천, 경험, 소비
ISFP(예술가) VS ESFP(사교가)	감각(S) : 현실감각, 실용적, 구체성 감정(F) : 사람, 감성, 관계 지향 인식(P) : 자율성, 개방성, 융통성	IF : 깊고 친밀한 관계 EF : 넓고 가벼운 관계
ISFP(예술가) VS INFP(이상가)	내향(I) : 조용함, 깊이, 집중력 감정(F) : 사람, 감성, 관계 지향 인식(P) : 자율성, 개방성, 융통성	SF : 현실적 목표, 눈에 보이는 것 NF : 이상적 목표, 본질과 이면
INFP(이상가) VS INTP(사색가)	내향(I) : 조용함, 깊이, 집중력 직관(N) : 미래, 가능성, 개념적 인식(P) : 자율성, 개방성, 융통성	Fi : 인간을 돕는 열정 Ti : 인간을 이해하는 열정
INFP(이상가) VS ENFP(열정가)	직관(N) : 미래, 가능성, 개념적 감정(F) : 사람, 감성, 관계 지향 인식(P) : 자율성, 개방성, 융통성	IN : 내적세계에 대한 열정, 한국적 EN : 외부세계에 대한 열정, 유럽적
INTP(사색가) VS ENTP(탐험가)	직관(N) : 미래, 가능성, 개념적 사고(T) : 논리성, 객관성, 분석력 인식(P) : 자율성, 개방성, 융통성	IP : 생각하고 행동, 아이디어 수집 EP : 행동하고 사고, 아이디어 사용

제3장

MBTI를 통한 성장

MBTI와 심리기능

지금까지 우리는 MBTI의 16가지 성격 유형에 대해 개괄적으로 알아보았다. 앞에서 살펴본 내용이 MBTI 16가지 유형에 대해 전체를 보는 시간이었다면 이제 이 16가지 유형의 뼈대를 이루고 있는 '심리기능'에 대해 알아보자.

"심리기능(psychological function)"

MBTI에서는 유형 코드를 이루고 있는 네 가지 기능(에너지 방향, 정보수집, 의사결정, 생활양식)이 존재한다. 이 중 맨 앞과 맨 뒤에 있는 두 가지 기능(에너지 방향, 생활양식)은 MBTI의 '성격적 기능'으로서 작용하고 가운데 있는 두 기능(정보수집, 의사결정)은 '심리적 기능'으로서 작용한다. MBTI에서의 심리기능은 '개인이 외부 환경(사람, 환경)과 관계를 맺는 데 있어 개인의 고유한 반응 패턴'으로, 보통 일관적으로 나타나는 반복되는 패턴 즉 행동의 반응양식이다. 이를 통해 어떤 식으로 정보를 수집하고 어떤 식으로 의사결정을 내리는지 예측이 가능해지며 어떻게 인풋이 들어오고 어떻게 아웃풋을 결정하는지 알게 되어 상대가 어떤 식으로 문제를 처리하고 행동을 나타내는지 그 패턴을 볼 수 있게 된다.

1. ST 기능 : 일, 사건, 업무

ST 기능을 가진 사람들은 S의 현실적 감각과 T의 논리적 사고를 가지고 있어서 정보를 수집하고 과제를 수행할 때 조직적, 능률적, 객관적, 논리적, 공정함, 철저함 등의 기능이 굉장히 발달한 사람이라고 말할 수 있다. 정보를 수집할 때 보고 듣고 만지고 세면서 문제를 측정할 때 구체적인 감각을 통해 수집하며, 의사결정을 내릴 때는 인정이 아닌 논리적인 분석과 판단에 의해 결정을 내린다. 사건에 관련된 정보에 관심이 많고 업무에 대한 높은 책임감으로 과제를 수행할 때 조직적이고 능률적으로 완성할 수 있으며 객관적, 논리적, 공정함과 올바름으로 일을 추진할 수 있는 능력이 있다. ST의 단점은 업무 중심의 사고로 인해 직장 내에서 인간관계의 정서를 잘 이해하지 못하는 것이다. 예를 들어 매우 지시적이고 통제적이며 부하직원의 마음을 무시하는 경향이 생길 수 있다. 이는 감각을 사용하여 얻은 세부적인 정보에 집중하고 F 기능보다 T 기능을 많이 활용하다 보니 타인의 감정을 보는 부분에서 약점이 생기게 되는 것이다. 또 장기적인 계획을 세우는 것에 어려움이 있을 수 있다. 너무 세부사항에 집중하다 보니 장기적이고 거시적인 안목을 갖는 데 어려움을 느끼며 미래의 변화를 예측하는 데 민감하지 못한 면이 있다.

2. SF 기능 : 인간성, 사람

SF 기능을 가진 사람들은 정보를 수집할 때는 세부적이고 사실적인 자료에 근거하지만, 막상 의사결정을 내릴 때는 나와 타인에게 어떤 영향을 미칠지 굉장히 중요하게 생각하는 유형이라고 할 수 있다. 타인에게 관심이 많고 인간적인 따뜻함을 지니고 있으며, 사람들에게 있어 고마움과 칭찬, 표현을 잘해 주고 인화와 조화를 굉장히 중요하게 생각하는 우호적인 사람의 특징을 가지고 있다. 정보를 인식함에 있어 사물에 대한 정보보다는 사람에 관련된 정보에 관심이 많고, 사람에 대한 책임감이 있어서 과제를 수행할 때 작업 관계를 응집력 있게 만드는 능력이 있다. SF의 단점은 너무 사람 중심으로 가다 보니 사람들에게 쉽게 상처를 받고 지나치게 감정적이 되는 것이다. 특히 이 부류의 사람들은 비판에 대해 지나치게 예민한 모습이 있다. SF는 세부적인 것에 집중하기 때문에 사람에게 상처를 받으면 그 문제를 계속 반추하면서 곰곰이 생각하는 버릇이 있다. 따라서 비판을 받을 때 그것 때문에 심리적인 고통이 따를 수 있다. 또 인간 관계에서 객관적인 태도를 취하는 것을 어려워하고 의사에 반대하거나 부탁을 거절하는 것을 힘들어하는 모습을 보인다.

3. NF 기능 : 가능성, 진실성

NF 기능을 가진 사람들은 새로운 가능성, 변화에 대한 열정과 몰입을 이끌어 내는 능력이 있다. 언제 변화를 시도해야 하는지, 어떻게 새로운 접근을 시도해야 되는지 그리고 어떻게 그것에 대해 유연하게 대처하는지 적절한 시기를 잘 알고 있는 사람들이다. 파악한 정보에 대해 세부사항을 해석하고 분석해 내는 능력이 있고, 전체적인 그림을 보면서 어떻게 판단해야 하는지 또 다른 사람은 그것을 어떻게 받아들이고 있는지 등의 수요조사 같은 것을 잘한다. 직관으로 파악한 정보를 토대로 의사결정을 하며, 개인적인 주관과 사람에 대한 진실성 여부를 중요시하고, 온정을 바탕으로 결정을 내리는 특징이 있다. NF의 단점은 어려운 문제가 발생할 때 이를 현실적으로 다루는 데 있어 어려움이 있다는 것이다. 위에 있는 것이나 조금 멀리 있는 것을 생각하다 보니 현실적이고 세부적인 부분에서 꼼꼼함이 떨어질 수 있다. 또 계획한 것을 수립하거나 완수하는 것에 어려움이 있고 아이디어는 창의적이고 풍부하지만, 그것이 현실적으로 적용되기는 어려운 측면이 있다.

4. NT 기능 : 진리

NT 기능을 가진 사람들은 불변의 진리를 찾는 사람들이다. 어려운 과제를 수행하는 데 있어서 인내할 줄 알고 지구력이 있으며 자료를 조직하고 통합하는 능력이 있다. 장기적인 계획과 목표를 세울 줄 알며 해야 할일을 잘 구조화하여 조직의 목표를 달성하는 모습이 있다. 또 의사결정을 할 때 인정에 얽매이지 않고 객관적이고 합리적인 분석을 바탕으로 판단을 내리는 특징이 있다. NT의 단점은 자신과 타인에게 너무 비판적이고 회의적인 태도를 보여 '어, 이 사람 왜 이렇게 비판적이야?'라는 태도로 사람들에게 괜한 오해를 사게 되는 경우가 종종 있다. 또 상대방의 욕구와 감정에 둔감하고 자기만의 논리가 있어 자신과 다른 방식을 취하는 사람들을 무시하는 경향이 있으며, 타인과 협력하는 면이 부족해서 냉정하고 거리감이 느껴진다는 말을 들을 수 있다. 이는 N도 현실과 동떨어져 있고 T도 감정과 멀리 있다 보니 거리감이 느껴진다는 비판을 받게 된다고 볼 수 있다.

〈MBTI 심리기능별 4가지 조합〉

ST	SF	NF	NT
사실적, 실질적 유형	동정적, 우호적 유형	열정적, 통찰적 유형	논리적, 창의적 유형
철학, 순수 공상 과학 싫어함	타인의 감정에 민 감(SF), 외부자극 에 쉽게 노출(ESF)	인간에 대한 열정 과 이상향 추구	아이디어, 실천보다 개념
성실, 근면, 책임감, 전통	헌신, 인화, 협력, 화해	열성, 통찰, 공감, 성장	독창성, 아이디어, 비전
생산성 추구	인간성 추구	진실 추구	진리 추구
응용과학, 상업, 행정, 법률, 건축, 회계, 사무	봉사, 의료, 교직, 사회사업, 판매, 사무	행동과학, 예술, 의료, 교직, 조사·연구, 종교	순수과학, 조사·연구, 법률, 컴퓨터, 공학

MBTI와 심리위계

1. 심리기능의 위계

심리기능에 이어 심리기능의 '위계'에 대해 알아보자. 위계란 하나의 '서열'로서 마음 안에 있는 심리기능들의 순위를 말한다. 이에 대해 칼 융은 "우리 안에 설계도가 있다"라고 하였는데 이는 우리 안에 각각의 인격이 있음을 의미한다. MBTI를 만든 마이어스와 브릭스는 융의 심리위계를 통해 쉽게 자신의 성격 유형을 찾을 수 있다고 보았다. 우리는 앞서 MBTI 유형을 결정하는 중요한 기준이 되는 4가지 선호지표에 대해 알아보았다. 예를 들어 ESTJ의 경우 심리구조는 E, S, T, J가 되지만 심리위계로 보면 Te, Si, N, Fi(1~4)로 서열이 정리된다. 이는 다시 주기능(Te), 부기능(Si), 3차 기능(N), 열등기능(Fi)으로 표현된다. 이러한 서열에 의해 MBTI 각 유형의 정체성이 결정되고 1~4의 순위에 따라 개인의 독특한 성격이 탄생한다. ESTJ 유형이 '논리적인 사람'이라는 명백한 증거도 주기능을 'Te'로 쓰고 있기 때문이다. 따라서 유형 역동의 원리를 이해하지 못하면 MBTI 16가지 유형들의 독특한 개인차를 이해할 수도 구분하기도 어려워진다. 흔히 MBTI를 공부하는 초보 입문자들은 대부분 이러한 심리기능의 위계 혹은 서열에 대해 이해하지 못한 채 MBTI 유형들을 이해하려고 달려들지만, MBTI 유형 간의 분명한 차이를 구분하기 위해서는 반드시 심리기능의 서열에 대한 이해가 필요하다. 필자 역시 MBTI를 공부하면서 가장 흥미가 생겼던 대목이 바로 이 심리위계에 대한 설명이었다.

그렇다면 이러한 심리위계 또는 그 순위가 결정되는 이유는 뭔가? 그것은 바로 '상보성의 원리' 때문이다. 상보성의 원리란 물리학에서 사용되는 용어로 '반대되는 속성끼리 서로 보완하는 원리'를 말한다. 심리기능에 있어 가장 큰 영향력을 행사하는 '주기능'이 인간의 마음 안에 '의식'의 차원에 머물게 되고 주기능의 반대가 되는 '열등기능'은 '무의식'의 차원에 숨어 있어서 너무 주기능만 쓰는 사람이 되어 문제를 일으키지 않도록 열등기능을 개발함으로써 서로 보완하여 균형을 맞추게 되는 것이다. 이러한 원리를 통해 마음 안에 있는 심리기능들이 서로 어우러져 상호작용하면

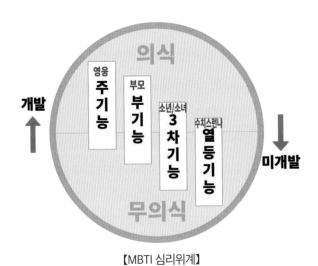

【MBTI 심리위계】

서 심리적 균형을 이루기 위해 일정한 심리위계를 형성하게 되는 것이라고 할 수 있다. 그래서 누구든지 자신이 형성한 기본 틀(심리위계)은 변하지 않지만 주변 환경의 영향에 따라 역동의 스타일이 달라질 수 있고, 이는 우리가 더 유연한 사람이 되는 지름길이 될 수 있다는 것을 알게 된다.

주기능(영웅)

의식의 차원에 머물면서 가장 나답다고 느껴지는 기능으로 개인 성격의 핵심이라고 할 수 있다. 내가 가장 신뢰하고 가치를 두는 성격으로 세상을 보는 눈이자 이해하는 방식이며, 내 안의 영웅과 같은 역할을 하면서 문제 해결의 기준이 된다. 또 MBTI 유형의 지배적인 심리기능이자 나의 자존심과 같은 유형이며 삶의 주요 원동력이 되는 기능이다. 자신이 어떤 일에 주력할 때 쓰는 기능으로 만족할 만한 성과를 낼 때 사용된다.

- 6세에서 14세 사이에 나타남
- 주기능의 발달은 아동 초기에 일어나야 함
- 어린이들이 타고난 자신의 선호 경향을 발달시킬 수 있도록 도와야 함
- 바람직한 유형 발달을 위해 주기능이 나머지 기능을 주도해 가도록 해야 함

부기능(부모)

주기능과 같이 의식의 세계에 있고 조금 나답다고 느껴지는 기능으로 상보성의 원리에 따라 주기능을 보완해 주고 지원하는 부모와 같은 역할을 하는 기능이다. 주기능과의 대척점에서 균형을 잡아 주는 기능이며 주

기능이 외부(e)로 사용될 경우 균형을 이루기 위해 부기능은 자동으로 내부(i)가 된다. 협조할 때 쓰는 기능으로 누군가를 도와줄 때 사용된다.

- 주기능의 발달 후 부기능의 발달이 요구됨
- 주기능이 부기능에 의해 보완될 때 균형적인 발달이 가능해짐
- 부기능이 주기능에 비해 외부로 드러날 경우 부기능이 주기능처럼 역할을 할 수도 있음

3차 기능(소년/소녀)

존재하지만 명확하게 사용하고 있지 않은 취약한 기능으로서 주기능이 나의 오른손과 같은 역할을 한다면 3차 기능은 거의 쓰지 않는 왼손처럼 덜 발달되어 있는 소년(소녀)과 같은 기능이다. 또 3차 기능은 부기능의 반대로서 의식과 무의식을 연결하는 사다리 혹은 가교 역할을 하며 잘 관찰되지 않는다. 재미를 추구할 때 쓰는 기능으로 편안하고 안전할 때 사용된다.

열등기능(수치스러운 나)

무의식의 차원에 머물면서 가장 보이지 않으며 창피하고 껄끄러우며 보기 싫고 불편한 수치스러운 나와 같이 유능하지 못하고 개발되어야 할 여지가 있는 기능이다. 또 해가 쨍쨍하게 뜨면 그림자가 선명해지듯이 주기능을 지나치게 사용하면 오히려 열등기능을 인식하게 만들어 자신의 주기능보다 열등기능이 드러나는 경우가 생길 수도 있다. 자신이 성장하기 위해 노력할 때 쓰는 기능으로 어려워하지만 열망할 때 사용된다.

2. 심리기능의 위계(주부3열)를 찾는 법

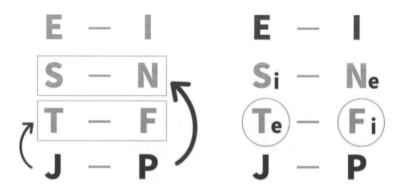

【MBTI 주기능을 찾는 법】

MBTI의 유형에서 심리위계를 변별하고자 할 때 가장 먼저 찾아야 할 기능은 '주기능'이다. 주기능을 찾아내려면 일차적으로 유형의 마지막 코드를 보고 이차적으로 에너지 방향을 살펴보아야 한다. 유형의 마지막 코드는 마이어스와 브릭스가 추가한 마지막 선호지표인 생활양식에 따라 구분되는 J(판단형)와 P(인식형)이다. 주기능이 유형의 가운데에 있는 판단(T, F)과 인식(S, N)기능에서 결정됨에도 마이어스와 브릭스는 왜 융이 이미 지표로 이름을 붙인 판단과 인식이라는 용어를 사용했을까? 그 이유는 가운데 있는 판단기능(T, F)과 인식기능(S, N)이 외부세계로 드러날 때 최종적으로 생활양식인 판단형(J)과 인식형(P)을 거치기 때문이다. 다시 말해 MBTI 유형의 가운데 위치한 심리기능인 판단(T, F)과 인식(S, N)기능은 생활양식과 더불어 각각 판단기능(T, F)은 판단형(J)으로 나타나고 인식기능(S, N)은 인식형(P)으로 나타난다.

이러한 원리에 의해 유형의 마지막 코드가 판단형(J)일 경우에 주기능은 판단기능인 T와 F에서 결정되고, 인식형(P)일 경우에는 인식기능인 S와 N에서 결정이 된다. 그런데 여기에 함정이 있다. 주기능은 마지막 코드뿐만 아니라 에너지의 방향을 같이 보아야 한다. 에너지의 방향은 외향형(E)과 내향형(I)이 있다. 예를 들어 ESTJ의 경우 유형의 에너지 방향이 외향형(E)이면서 마지막 코드가 판단형(J)이라면 주기능은 그대로 T가 된다. 그러나 ISTJ의 경우 에너지 방향이 내향형(I)이면서 마지막 코드가 판단형(J)이라면 주기능은 T가 아니라 그 옆에 있는 S가 된다. 그 이유는 의외로 간단하다. 판단형(J)과 인식형(P)은 외부세계에 대처하는 양식이라서 에너지의 방향은 모두 외부(e)로 사용된다. MBTI 유형이 판단형(J)일 경우에는 판단기능이 각각 Te와 Fe가 되고 인식형(P)일 경우 인식기능이 각각 Se와 Ne가 되는데, 이때 나머지 기능은 상보성의 원리에 의해 모두 내부(i)가 된다.

따라서 외향형(E)일 때 주기능은 외부와 연결되어 에너지를 외부(e)로 사용하는 것이 주기능이 되고 내향형(I)일 때 주기능은 내부와 연결되어서 에너지를 내부(i)로 사용하는 것이 주기능이 된다. ESTJ의 경우 외향형(E)과 연결되는 세 번째 코드인 Te가 주기능이 되지만, ISTJ의 경우 내향형(I)과 연결되는 두 번째 코드인 Si가 주기능이 된다. 이는 일반적으로 외향형처럼 외부에서 사용하는 것이 주기능처럼 보이지만 내향형처럼 주기능이 내부 안에 숨어 있어서 오랜 시간이 지나야만 비로소 상대의 주기능을 이해하게 되는 경우가 있기 때문이다. 그렇다면 부기능, 3차 기능, 열등기능은 어떻게 파악하는가? 부기능은 주기능 외 남은 한 가지 기능이 부기능이 된다(ESTJ-주기능 Te, 부기능 Si). 또한, 3차 기능은 부기능의 반대지표가 되고 열등기능은 주기능의 반대지표가 된다(ESTJ-3차 기능 N, 열등기능 Fi).

〈MBTI 유형별 심리위계〉

유형	주기능	부기능	3차 기능	열등기능
ISTJ	Si	Te	Fi	Ne
ISFJ	Si	Fe	Ti	Ne
INFJ	Ni	Fe	Ti	Se
INTJ	Ni	Te	Fi	Se
ISTP	Ti	Se	Ni	Fe
ISFP	Fi	Se	Ni	Te
INFP	Fi	Ne	Si	Te
INTP	Ti	Ne	Si	Fe
ESTP	Se	Ti	Fe	Ni
ESFP	Se	Fi	Te	Ni
ENFP	Ne	Fi	Te	Si
ENTP	Ne	Ti	Fe	Si
ESTJ	Te	Si	Ne	Fi
ESFJ	Fe	Si	Ne	Ti
ENFJ	Fe	Ni	Se	Ti
ENTJ	Te	Ni	Se	Fi

S(e) : 외향적 감각형(ESTP, ESFP)

현실적, 실제적이고 깊이 있는 생각을 하지 않으려는 유형으로 남성에게 많이 나타나는 것으로 알려져 있다. 별반 고민 없이 세상을 있는 그대로 받아들이며 쾌락과 스릴을 즐긴다. 외부세계에 대한 사실 파악에 관심이 있고 남성적, 현실적, 호색가, 탐미주의자로 불리는 사람들이다.

S(i) : 내향적 감각형(ISTJ, ISFJ)

자신의 정신적 감각에 몰두하는 유형으로 예술을 통해 표현되는 경우를 제외하고 타인에게 자신을 이해시키는 데 어려움이 있다. 남이 보기에 수동적이고 자제력이 있는 것처럼 보이지만 정작 무관심하다. 주관적 현실에 지배되고 외적 대상과 거리를 두며 자신의 정신적 감각에 몰두하는 사람들이다.

N(e) : 외향적 직관형(ENFP, ENTP)

엉뚱하고 불안정한 유형으로 여성에게 많이 나타난다. 뭔가 새로운 것을 찾아 여기저기 관심을 보이는데 오랫동안 끈기 있게 뭘 해내지 못하고 싫증을 잘 느낀다. 호기심이 많고 열정적이지만 신뢰를 주기 어려우며 힘든 상황에서도 모든 가능성을 열어두고 기대한다. 경솔하며 불안정적이고 흥미 위주라서 비판을 받는 사람들이다.

N(i) : 내향적 직관형(INFJ, INTJ)

대표적으로 예술가가 해당한다. 이는 직관적이고 영감적이며 예술가들이 논리적이고 합리적인 것을 추구하기보다 직관을 추구하기 때문이다.

결국, 합리와 논리를 뛰어넘는 영역이 직관적인 부분이기에 이러한 점들이 예술가들이 가진 장점이라 할 수 있다. 남들에게는 현실감이 부족해 수수께끼 같은 사람으로 보일 수 있지만, 자신의 직관에 따라 새로운 가능성을 찾고 이로 인해 인간의 정신과정을 이해하는 데 많은 기여를 하며 심리 현상의 가능성을 가진 예술가로 불린다.

T(e) : 외향적 사고형(ESTJ, ENTJ)

객관적인 세계를 탐구하는 데 전력투구하는 형으로 자연현상의 이해, 자연법칙의 발견 따위에 관심을 보인다. 왜냐하면, 에너지가 밖으로 흘러서 밖에 대한 관심을 많이 갖게 되기 때문이다. 또 감성적 측면을 억압해서 다른 사람에게는 인간미가 없고 냉혹하며 교만하게 보일 수 있는 것이 특징이다. 객관적 사고가 특징적이며 객관적 세계에 관해 최대한 많이 배우고자 하는 과학자의 특성을 지닌 사람들이다.

T(i) : 내향적 사고형(ISTP, INTP)

내면 존재에 관심이 많고 철학적이고 사색적이며 말이 없고 글 쓰는 걸 좋아한다. 또 때로는 완고하고 극단적인 경우 이들의 내적 탐구는 현실성이 없을 수 있다. 생각이 내면으로 향해 있으며 자기 존재와 현실을 이해하고자 하는 철학자나 실존심리학자가 그 표본이라 할 수 있다.

F(e) : 외향적 감정형(ESFJ, ENFJ)

변덕스럽고 상황에 따라 감정이 빠르게 변하기도 하며 사람에게 강한 애착을 보이기도 하나, 쉽게 변하고 과시적이며 기분파이다. 여성에게 좀 더 많다고 알려져 있으며, 자신의 감정을 주변 환경과 타인에게 맞추어 잘 적응하고 순응해 나가지만 변덕이 심하며 감정적 기분파라고 할 수 있다.

F(i) : 내향적 감정형(ISFP, INFP)

말이 없고 우울해 보이며 감정을 잘 표현하지 않아서 '상대가 왜 저 사람은 저렇게 말이 없지?', '나에게 기분이 안 좋은가?', '왜 이렇게 감정을 표현하지 않지?', '나에게 관심이 없나?' 생각할 수 있으나 감정의 부분들이 내향적이기 때문에 그렇다. 때로는 침착하기도 하고 자신 있는 인상을 주기도 하며 가까이하기 어렵고 그 마음을 헤아리기 어려운 유형으로 여성에게서 많이 나타난다. 독창적, 비정상적 경향이 있으며, 자기감정을 숨기고 말수가 적다. 접근이 어렵고 우울해 보이는 사람들이다.

〈MBTI 주기능의 경직 상태〉

주기능	원활한 발휘	경직된 상태	외부로 드러나는 모습
Si (ISTJ, ISFJ)	사실적이고 구체적인 정보와 자신의 경험을 실용적으로 활용한다.	새로운 사실과 가능성을 부정한다. 사람과 미래의 잠재력을 부정하며, 자신의 경험과 알고 있는 사실에만 근거하여 독선적인 태도를 취한다.	타인의 미래와 가능성을 부정한다. 외부세계에 대해 과도하게 회의적이며, 실패를 두려워하는 모습을 보인다.
Se (ESTP, ESFP)	현실과 다양한 경험을 선입견 없이 잘 받아들인다.	자신의 현실과 욕구를 부정한다. 정보 수집이라는 명목으로 새로운 경험을 위해 강박적이고 소비적인 탐구를 하며, 자신의 욕구로부터 도피한다.	자신의 미래와 가능성을 부정한다. 외부 세계에 대해 과도하게 긍정적이며, 낙오를 두려워하는 모습을 보인다.

주기능	원활한 발휘	경직된 상태	외부로 드러나는 모습
Ni (INFJ, INTJ)	자신의 내면에 대한 명확하고 복합적인 통찰력으로 자신의 가능성을 인식한다.	타인의 한계와 다양성을 부정한다. 타인에게 변화와 성장, 그리고 비전을 강요하거나, 고집스럽고 맹목적인 주장을 한다.	타인에게 너무 많은 것을 바란다. 미래에 대해 과도하게 회의적이며, 내면이 복잡해지고 생각이 많아진다.
Ne (ENFP, ENTP)	성장과 변화에 대해 열정적이고 미래와 타인의 잠재력에 대한 통찰력이 있다.	자신과 미래의 한계를 부정한다. 성장이라는 명목으로 새로운 사람, 아이디어, 가능성을 무책임하게 추구하며, 현실적인 문제를 외면한다.	자신에게 너무 많은 것을 바란다. 미래에 대해 과도하게 긍정적이며, 에너지가 들끓고 한 가지에 집중을 못한다.
Ti (ISTP, INTP)	효율적이고 논리적인 구조를 만들고 적용한다.	비논리적으로 보이는 모든 것을 부정한다. 자신의 내부적 논리만이 타당하며, 이에 모든 것을 맞추려 한다. 그리고 이에 맞지 않는 것을 강하게 부정한다.	타인의 논리를 부정한다. 강박적으로 단순한 논리를 추구하며, 이 논리에 맞지 않는 타인을 비판한다.
Te (ESTJ, ENTJ)	현실에 논리적이고 체계적으로 결단력 있게 대응한다.	비효율적으로 보이는 모든 것을 부정한다. 강박적으로 효율을 따지며, 공과 사의 구분이라는 명목으로 타인의 감정을 무시하고, 공격적이 된다.	목적 이외의 것을 부정한다. 강박적으로 자신의 목적을 추구하며, 다른 모든 것을 외면한다.

주기능	원활한 발휘	경직된 상태	외부로 드러나는 모습
Fi (ISFP, INFP)	개개인의 가치관을 존중하며, 자신과 타인을 이해하고 지지한다.	도덕적이지 않아 보이는 가치를 부정한다. 자신의 가치관만이 타당하며, 대다수의 사람이 같은 가치관을 지지한다고 믿는다. 그리고 이와 다른 것은 비도덕적이라고 여긴다.	타인의 가치를 부정한다. 독선적으로 자신만의 도덕관을 주장하며, 이 도덕관에 맞지 않는 타인을 비판한다.
Fe (ESFJ, ENFJ)	공동체의 보편적인 가치관을 존중하며, 감사와 지지를 바탕으로 조화로운 관계를 만든다.	조화를 방해하는 것처럼 보이는 가치를 부정한다. 강박적으로 모든 사람이 선하다고 여기며, 보편적이지 않은 가치를 비도덕적인 것으로 여긴다. 도움과 지지라는 명목으로 상대방과의 경계를 넘어 침범한다.	조화 이외의 것을 부정한다. 독선적으로 공동체의 조화를 주장하며, 다른 모든 것을 외면한다.

MBTI와 유형발달

MBTI를 통해 나를 이해하고 난 후 우리 모두에게 숙제처럼 던져지는 주제가 바로 이 '유형발달'에 대한 이야기이다. MBTI에서 '유형발달'이란 태어나면서부터 생을 마감하기까지 일생의 과정(Life-long process)에서 일어나는 '성격발달의 과정'이라고 할 수 있다. 사람들은 대부분 자신의 성격 혹은 유형을 알고 난 후 내면의 카타르시스(정화·배설을 뜻하는 그리스어로 심리적인 후련함, 시원함, 개운함 등을 의미)를 느끼며 자신만 만해지는 경향이 있다. 그러나 다름의 차이를 넘어 상대를 이해하고 포용

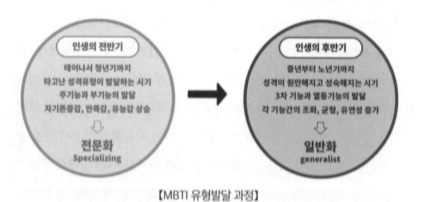

【MBTI 유형발달 과정】

할 수 있는 넉넉한 마음을 가지려면 반드시 자신의 성격을 훈련하여 성숙한 인격에 이르도록 노력해야 한다. 유형발달 즉 성격발달을 이해하려면 먼저 학자마다 이에 대해 어떤 견해의 차이를 보이는지 살펴볼 필요가 있다.

고대 그리스의 철학자 플라톤에 의하면 아동기 초기는 성격 형성의 시기로 경험이 중요하다고 강조하였고, 프로이트는 '정신결정론'을 주장하며 구강기, 항문기, 남근기를 거쳐 5~6세 전까지 성격이 발달하여 성인의 성격과 행동이 어린 시절의 경험에 의해 결정된다고 하였다. 이러한 견해는 성격발달의 중요한 요인인 환경(부모, 교육환경, 생활환경, 성별, 문화, 직업)에서 부모의 영향에 초점을 둔 것이다. 부모의 긍정적 지지는 자녀의 선호를 발달시키기에 유리하게 작용하지만, 부모의 부정적 지지는 자녀의 유형을 왜곡시키고 억압시켜 '가유형(Falsified Type)'을 만들어 낼 수 있다.

마이어스는 바람직한 유형발달이 인생 초년부터 시작되며 환경이 유형의 발달을 돕거나 방해하는 역할을 한다고 하였다. 환경의 영향이 개인의 타고난 선호기능에서 얻은 자신감과 능숙함을 획득하는 것을 어렵게 만들 수 있다는 것이다. 융은 성격이 특정한 시기에 발달한다기보다 인생 전반을 통해 이루어지는 전 생애적인 발달과업으로 설명하였다. 융은 성격의 씨앗과 같은 타고난 선호, 선천적 잠재력을 바탕으로 아동기에는 자신이 선호하는 주기능을 찾아야 하고 초등학교에서 중학교로 넘어가는 청소년 시기부터 주기능의 원활한 개발이 시작되어 성격이 가장 잘 드러나는 청소년 후기(18~30세)까지 완성된 자아의식 곧 성격의 전문화(Specializing)가 이루어져야 한다고 보았다. 또 주기능이 충분히 발달하고 나면 자연스럽게 부기능의 발달이 촉진되는데, 이렇게 주기능과 부기능의 조화로운 발달 안에서 자기확신과 자기존중감, 만족감, 유능감을 가지게 된다고 하였다.

이러한 융의 관점은 에릭슨의 심리사회적 발달과 일맥상통한다. 에릭슨은 청소년기를 '자아정체감 확립'의 중요한 시기로 보고, 고삐 풀린 망아지처럼 불균형한 청소년 초기의 성격 구조가 청소년 후기에 접어들면서 성격 구조가 견고해지고 심리적으로 안정되어 개인의 정체감 확립과 완성된 자아의식을 갖게 된다고 주장하였다. 인생은 전반기와 후반기로 나누어진다. 융이나 에릭슨의 주장과 같이 출생부터 청년기 즉 인생 전반기의 주요 과제가 나의 주기능을 충분히 발달시켜 리더십을 찾음과 동시에 부기능으로 균형을 잡고 자기정체감을 확립해야 하는 시기라면 그 이후에 우리는 과연 무엇을 개발하기 위해 노력해야 할까? 융은 인생의 후반기인 중년부터 노년기까지의 시기를 성격이 원만해지고 성숙해지는 시기로, 에릭슨은 자아통합으로 가는 시기로 보았다. 융은 이때 그동안 내가 관심을 두지 않았던 기능 곧 3차 기능과 열등기능을 개발하여 각 기능간의 조화와 균형, 유연성을 증대시키고 성격의 통합과 일반화 (generalist)를 이루는 것이 중요하다고 강조하였다.

그러나 여기에서 선행되어야 할 조건은 나의 주기능을 충분히 사용할 수 있는 경지에 이르고 난 뒤에 이러한 덜 선호되는 기능에 대한 발달욕구로 이동해야 한다는 점이다. MBTI에서의 유형발달은 각 기능간에 동일한 발달이 이루어져 '이상적이고 완벽한 사람'이 되는 게 아니라 주기능을 바탕으로 다른 기능들을 상황에 따라 의도적으로 사용할 수 있는 '비교적 완전한 사람'이 되는 데 그 목적이 있다. 열등기능을 쓰기 위해 노력해 볼 순 있지만 열등기능이 하루아침에 주기능처럼 되기란 사실상 불가능하다.

개인은 선천적으로 '성장'을 추구하는 속성이 있다(자기실현 경향성). 성격에서의 성장은 자신의 유형이 바뀌는 차원이 아닌 자기(self)가 확장되고 개발되는 과정이 되어야 한다. 흔히 중년의 시기를 다시 한번 찾아오는 '사십춘기'라고 부르며 이러한 심리적 중년기는 누구에게나 오기 마련이다. 청소년기에 겪는 '사춘기'가 현실과 이상의 괴리를 극복하고 자신의 고유한 정체성을 확립하여 자신을 있는 그대로 수용해야 하는 시기라면, 중년기는 자신에게 미숙했던 부분이 무엇인지 인식하고 타인을 수용할 수 있으며 통합된 정체성으로 나아가야 하는 매우 중요한 시기라고 할 수 있다.

또 이러한 성숙과 발달은 개인마다 시기의 차이가 있을 수 있으며 자신이 선호하지 않는 반대 욕구를 받아들여 그것을 개발할지 말지는 오로지 자신의 선택과 의지에 달려 있다. 따라서 내가 일방향으로 계속 나를 강화해야 할지 아니면 더 유연한 사람이 될지 선택해야만 한다. 유형발달을 위해서는 먼저 내가 반대유형을 수용할 수 있을 만큼 의식이 커져야 한다. 반대 코드를 사용하려면 의식적 노력과 자신의 선호를 참는 훈련이 필요하다. 처음 반대유형을 쓸 때 회의감을 느끼거나 스스로 어색함을 느껴 상대방도 내 모습을 가식적으로 느낄 수 있다. 하지만 지속적인 훈련으로 시간이 지나면 상대도 잘 느끼지 못할 정도가 된다. 따라서 유형 개발의 과정은 열등기능을 전혀 인식하지 못하는 수준에서 가끔 쓰는 수준, 쓸 수 있는 수준, 의식적으로 하는 수준, 자연스러운 수준까지 점진적인 개발이 요구된다.

결론적으로 유형발달이란 자기 분화를 거쳐 자기를 완성하는 개별화의 과정이라 할 수 있다. 첫째, 자신이 가장 선호하는 주기능을 충분히 발전시킨다. 둘째, 덜 선호하는 부기능과 조화를 이룸으로써 스스로에게 가장 편안한 '최적의 유형(Best-fit Type)'을 완성한다. 셋째, 삶의 중반을 맞이했을 때 선택적인 과제로서 가장 덜 발달된 기능을 의식적으로나 의도적으로 사용하는 것을 허용한다. 넷째, 3차 기능과 열등기능에 좀 더 쉽게 접근함으로써 '비교적 완전한 사람'이 되어 유형발달 즉 개별화를 마무리 짓는다.

1. 잘하는 부분을 먼저 개발하고 나서 부족한 점을 개발해 나간다(거꾸로 되면 자존감이 상실됨).
2. 내 안에 있는 주기능(영웅)을 찾고 자기 스타일을 최대한 살려야 한다(존중받고 지지받는 환경 필요).
3. 인간은 선천적으로 성장을 추구하는 것과 내적으로 성장하고자 하는 의지가 있다(자기실현 경향성).
4. 주기능이 충분히 발달하게 되면 덜 선호되는 기능으로 발달 욕구가 자연스럽게 이동한다(개별화 과정).
5. 열등한 유형에 대한 의식적 노력을 통해 성장해 나간다(의식적 유형 발달).

MBTI와 기질

기질(temperament, 氣質)이란, '타고난 기품과 성질'이란 뜻으로 성격을 구성하는 요소로서 성격의 바탕이자 성격을 결정하는 선천적 기반이 되는 내적인 특성이다. MBTI 16가지 유형 하나하나에 익숙해지고 특징을 암기하는 것은 쉬운 일이 아니다. 데이비드 커시(David Keirsey) 박사는 여러 심리학자가 인간의 유형을 4가지로 나눈 것에 주목하여 MBTI의 16가지 유형 안에서 성격의 근본이 되는 기질적 속성을 찾아 히포크라테스(Hippocrates, B. C. 460~377)의 4가지 기질과 같이 MBTI 유형을 4가지 기질로 재구성하였다. 그리고 이를 그리스 신화에 나오는 네 신(神)들의 특징을 빌어 디오니소스적 기질(SP), 에피메테우스적 기질(SJ), 프로메테우스적 기질(NT), 아폴로적 기질(NF)로 나누어 설명하였다.

1. 에피메테우스적 기질(SJ) :
보호자 기질(Guardians), 의무를 중시하는 전통주의자, 개미

인구의 약 38%를 차지하며 '책임과 의무'를 중시하는 사람들이다. 이들의 욕구는 '세상에 쓸모 있는 사람들이 되는 것'이다. 이러한 욕구를 충족하기 위해 어딘가에 소속되기를 갈망하며 소속집단에서 무책임하거나 태만하지 않고 해야 할 일이 무엇인지 진지하게 찾아 부모처럼 보호를 해주는 행동을 한다. 마치 이들에 의해 집단이 굴러간다고 할 정도로 어딘가에 결속되어 책임지고 싶어 하는 사람들이다. 이들은 전통을 중시한다. 전통적인 행사나 의식 속에서 누군가를 돌보고 섬기고 봉사하는 것을 자신의 의무로 생각한다. 이들은 누구와 무엇을 하든 보존하는 사람들이다.

이들의 보존 욕구는 너무나 강해서 원래 하는 일보다 더 많은 짐을 지고 천성적으로 책임감과 부채감을 가지고 있다. 이들은 책임감 있게 행동하는 반면 인정받아야 할 만큼 인정을 받지 못하는 경우가 많은데, 이는 자신의 다정한 마음씨를 내색하지 못하고 진지한 태도를 보이면서 가까이 대하기 힘든 태도를 보이려 하기 때문일 수 있다. 이들은 기존의 전통을 얼마나 잘 계승할 수 있을지를 매우 중요하게 생각한다. 변화는 전통의 상실을 의미하며 변화를 받아들이더라도 혁명처럼 급진적인 변화보다 점진적인 개선을 선호하며 전통을 옹호하는 사람들이다. 이들은 자신이 일하는 틀이 규범에 맞는가를 중요시한다. 사회적 규범에 어긋나거나 벗어나는 사람들과 단체들과 연관되는 것조차 위험하게 여기며 진정한 사회규범 수호자로서 사회의 기둥과 같다.

2. 디오니소스적 기질(SP) :
예술가 기질(Artisans), 자유분방한 경험주의자, 베짱이

SJ와 마찬가지로 SP도 인구의 약 38%를 차지하며 '행동을 중시하고 행동 자체가 목적'인 사람들이다. 이들이 욕구는 '오늘을 즐기며 사는 자유로운 삶을 사는 것'이다. 어딘가에 구속받거나 속박당하거나 제약받거나 의무를 지려하지 않고, 원할 때 원하는 것을 하는 것이 이들이 원하는 이상적인 삶이다. 이들은 본질적으로 충동을 갈망하며 충동이 올라올 때 원하는 것을 해야 하기 때문에 기다림은 이들에게 정신적인 죽음과 같다. 이들은 욕망에 사로잡히기 쉬운 사람들이다. 구속이나 속박이 없는 행동, 규칙이나 연습이 필요 없는 모험적 행동을 선호한다. 위기나 긴박감이 클수록 활기차지고 가속도가 붙어서 위기 속에서 최상의 능력과 극적으로 대응하는 사람들이다.

이들은 자유로운 영혼의 소유자들이다. 내일을 대비하는 행동보다 하루하루가 새로운 재미와 모험으로 가득하며 자신의 운을 시험해볼 수 있는 날들이라고 믿는다. 돈은 쓰라고 있는 것이며 사람은 즐기기 위해 존재한다고 생각한다. 이들은 열정적이고 낙천적이며 기운이 넘치고 쾌활하며 재미난 사람들이다. 대외적으로 이들은 매력적이고 재치만점의 달변가들이 많다. 어디를 가든지 주위 사람들에게 열정을 전염시키며 이들과 함께 있으면 모험으로 가득 찬 밝고 다채로우면서 열띤 분위기를 만들어낸다. 이들은 안정적인 상태에 지루함을 느끼며 매일 매일의 업무패턴에 변화를 주고 싶어 한다. 바쁘지만 시간이 되는대로 새로운 장소, 새로운 음식, 새로운 여흥을 즐기기를 원하며 무엇이든 정해 놓지 않고 살아가며 예술, 홍행, 모험의 대가가 되기도 한다.

3. 아폴로적 기질(NF) :
이상가 기질(Idealists), 자아를 찾고자 하는 이상주의자, 사슴

인구의 약 12%를 차지하며 다른 기질의 유형들이 일반적인 목표를 추구하는 반면, 그 목표가 평범하지 않아서 스스로도 자신의 목표를 정확하게 표현하지 못한다. 이들은 자아를 찾는 것을 중요시하며 목표를 찾는 것이 목표라서 '어떻게 하면 진정한 내가 될 수 있을까'라고 자문한다. 자기실현을 갈망하며 완전하게 자기실현을 하기 위해 완벽하고 유일한 정체성을 얻고자 방황하는 사람들이다. 이들은 어떤 관계든지 다른 사람들이 자신을 중요한 사람임을 알아주기를 바란다. 이들에게 자기실현이란 완전한 내적통합을 의미한다. 여기에는 어떤 가식이나 부끄러움 없이 완전무결함을 추구하며 진심을 전달하기 위한 것으로 내적 경험과 조화를 이루어 거짓된 두 얼굴로서 위선자가 되지 않으려 함이다.

이들은 자기정체성을 채우기 위해 주목받는 삶을 살고 세상에 특별한 존재가 되려 한다. 모든 사건은 자신에게 있어 드라마틱하기 때문에 모든 관계에 의미를 부여하며 남들은 생각지도 못하는데 거기에 특별한 의미를 부여해서 그것을 몰라주는 사람들에게 상처를 받기도 한다. 이들은 대인관계에 있어 많은 노력과 감정을 쏟아붓지만, 기대에 못 미쳐 큰 실망으로 끝나는 경우가 있다. 이들은 인생의 의미, 삶의 문제들을 문학작품으로 담아내기를 좋아한다. 이들은 다른 사람들이 왜 자기실현을 추구하는 일에 관심을 두지 않는지 의아해한다. 이들은 감정이입 능력, 공감능력이 뛰어나서 상대의 환상을 깨지 않으려 한다. 이들은 모든 사람이 꿈꾸는 연인이 될 수 있고 자신의 정체성이 흔들리지 않으면서도 매 순간 타인을 위해 변신이 가능하다.

4. 프로메테우스적 기질(NT) :
합리가 기질(Rationals), 완벽을 추구하는 합리주의자, 용

NF와 마찬가지로 인구의 약 12%를 차지하며 '통제, 이해, 예측, 설명' 등의 '과학적 가치'를 중요시하는 사람들이다. 이들의 욕구는 '어떤 상황에서든 무슨 일이든지 잘 해내는 총명함을 가지는 것'이다. 총명해지기 위해 지식을 쌓는 데 집착을 보이며, 반드시 유능해져야 한다는 절실함으로 계속해서 발전하고 위로 올라가려 한다. 4가지 기질 중 가장 자기 비판적인 유형으로 자신의 잘못에 대해 스스로를 괴롭히고 채찍질하며 자신의 분야를 완벽히 정복해야만 직성이 풀리는 사람들이다. 이들은 자신이 알아야 하는 것, 할 수 있는 것들에 대한 목록이 머릿속에 가득 차 있고 그것들을 하나라도 목록에서 빼지 않고 추가해 나간다. 이들은 자신의 능력에 대해 다른 사람들이 비판을 받을 때 멸시와 냉소를 보인다. 이들은 자신을 비판하는 사람들이 신뢰할 만한지, 그 비판이 타당한 것인지를 따져물어서 기존의 권위에 도전하려 하고 그것 때문에 오만해 보이기도 한다. 이들은 자기 불신에 끊임없이 시달린다. 이들은 자기 불신으로 인해 생각만 하고 실행으로 옮기지 못하며, 대단한 성취를 이루어 내더라도 흔히 있는 일로 치부해 버린다. 보통의 성공은 평균에는 못 미친다고 여기기 때문에 자신이 무능하다고 자책하며 자신이 마음에 정한 완벽한 수준이 되지 않으면 자신에게 여유를 주지 않는다. 이들은 종종 주위 사람들에게 무리한 요구를 할 때가 있다. 이들은 다른 사람들과 지적 경험을 잘 나누지 못하면서 다른 사람들이 잘 알지도 못하고 이해하지도 못한다는 생각을 가진다. 이들은 대화에서 말도 별로 없고 쓸데없는 말을 잘 하지 않으며 짧고 간결하며 논리적으로 말한다. 이들은 비언어적 소통을 믿지 않아서 다른 사람들의 말속에 든 '정서적인 메타 메시지'를 잘 이해하지 못한다. 이들은 원리를 파악하는 일을 중요시하며 새로운 아이디어와 개념을 주의 깊게 듣는다. 또한 미래를 중요하게 여기며 지나간 과거에는 관심을 두지 않는다.

〈MBTI 성격의 4가지 기질〉

SJ	SP	NF	NT
보호자적 기질	장인 기질	이상가적 기질	합리적 기질
전통주의자, 안정 추구자, 통합가	분쟁 조정가, 협상가, 소방수	촉진자, 대변인, 활기 고취자	공상가, 시스템 건축가, 건설자
근면성실, 모범생 / 책임감 / 공정 / 양심적, 소속감 / 안정된 직업. 경험과 체득 / 정서적 일관성 / 법 없어도 사는 사람 / 자원봉사 / 헌신 / 의무 존중 / 위계질서(상명하복) / 전통 / 보수적 가치관 / 예의 바르다 / 사회 주춧돌 / 근검절약 / 미래에 대한 계획과 대비 / 일확천금을 꿈꾸지 않는다 / 자녀 양육=나의 기쁨	신선한 산소 / 에너지의 원천 / 인생은 풍요로운 축제 / 인생은 즐겁게 /기분대로 흥취 / 미식가 / 소비가 / 기쁨 / 자유 / 재치 / 친절 / 자발적, 스스럼없음 / 적응력 / 뛰어남(그때그때 최선을 다함) / 충동적, 행동적, 용감함 / 도구 사용의 대가 / 스킨십 / 사람 좋아함 / 문제를 포기 못하고 미루다 나중에 한꺼번에 처리 / 머리는 A+, 성적은 C	성장 지향(나는 어디서 태어나고 어떻게 사는가?) / 자아실현 추구 / 자기 정체감 / 내 속에 내가 너무 많아 / 가슴에 촛불을 켜는 인간 / 과정 중시(결론이나 손해를 따지지 않는다) / 우수에 젖은 / 의미 부여 / 미래성 / 진실함 / 말할 때 서두가 길다 / 인정해 주는 대상에게 목숨 바침 / 어머니와의 관계가 절대적 / 정신과 의사, 심리 상담가 많음	홀로 사는 외로움을 아는 인간 / 합리주의자(정-반-합, 인과, 논리적 설명) / 잡담, 가십거리 싫어함 / 장기적 계획 / 해결사 / 독립적 / 창의력 / 아이디어 / 이론 / 사고의 체계적 구축 / 원리 파악 / 지적 성취(알고 싶어요) / 능력 발휘(관심 있는 분야에서 TOP)
칭찬 : 도와줘요, 당신이 필요해, 인정받는 것	칭찬 : 외모 칭찬, 멋있다, 선물, 사랑	칭찬 : 품위 있게 대해 주세요, 품위 있다	칭찬 : 네가 있어 든든하다, 틀이 크다

제4장

MBTI의 활용

MBTI와 사군자 기질을 통한 진로설계

이제 마지막으로 MBTI를 통해 독자들에게 알리고 싶은 주제는 바로 'MBTI의 활용'이다. 필자가 그간 MBTI, 사군자 기질, 에니어그램 등의 도구를 통해 현장에서 강의하였던 실제 내용과 경험을 바탕으로 MBTI를 어떻게 활용할 수 있을지 지금부터 하나하나 안내를 하고자 하니 MBTI를 현장에서 활용하는 분들은 이 내용을 주의 깊게 읽어 보길 바란다.

사실 MBTI를 활용하여 현장에서 '강의' 혹은 '상담'을 하게 될 때 MBTI 강사들이나 상담자들이 어려움을 겪는 것은 바로 MBTI의 유형이 결코 만만치 않기 때문일 것이다. 외국에서 국내에 들어온 도구라서 'ISTJ', 'ISFP' 등의 이름들을 쉽게 기억하기 어려울 뿐더러 또 유형이 총 16가지나 되다 보니 대부분 강의를 듣거나 상담을 받는 사람들은 자기 유형에 대해 설명하는 시간에만 집중할 뿐 다른 내용에는 관심을 잘 드러내지 않는다. 해서 앞서 살펴본 'MBTI와 기질'의 내용에서도 커시 박사가 마이어스와 브릭스를 통해 개발된 MBTI 이론을 다시 연구하여 16가지 유형의 바탕이 되는 기질적 속성을 파악하고 '4가지 기질'로 정리한 것은 MBTI를 어려워하고 유형들을 일일이 기억하지 못하는 사람들에게 유용한 내용이 될 수 있다. 그러나 그 역시도 온전하지 못하다고 볼 수 있는데 커시 박사가 MBTI 16가지 유형을 심플하게 줄여 4가지 기질로 정리한 것은 잘한 것이나, 이를 그리스 신화에 나오는 네 가지 신(神)들의 이름(디오니소스, 에피메테우스, 프로메테우스, 아폴로)으로 연결하여 그 특성을 설명한 것이 우리나라의 정서에는 어울리지 않아 그 설명이 쉽게 와닿지 않는 단점이 있다.

그렇다면 MBTI 16가지 유형을 4가지 기질로 설명할 때 우리의 문화와 정서에 어울리고 쉽게 예시를 들 수 있는 다른 방법은 없을까? 이러한 문제의식에서 나온 것이 바로 '사군자 기질검사'이다. 사군자 기질검사는 2013년 「Keirsey 이론과 외향-내향을 활용한 사군자 기질검사 개발」로 박사 학위 논문을 쓰신 김종구 소장님이 개발한 검사 도구이다. 김종구 소장님은 1999년 '한국 MBTI 연구소'에 입사하여 6년 동안 MBTI 전문자격 교육 담당 강사와 교육부장으로 활동하셨고, 커시 박사의 4가지 기질을 '사군자'라는 동양적 기질로 연결하여 MBTI 16가지 유형을 한국인의 정서에 맞도록 쉽게 설계하였다. 필자는 일찍 2010년 김종구 소장님을 통해 '사군자 기질검사' 자격과정을 이수하고 2021년 '한국 MBTI 연구소'에서 '일반 강사'를 취득하고 난 뒤 이 두 가지 도구를 통합하여 진로설계에 대한 강의를 진행하였다.

1. 사군자(四君子) 기질

먼저 사군자(四君子)란, '매화', '난초', '국화', '대나무'를 일컫는 말로 줄여서 매란국죽(梅蘭菊竹)이라 한다. 본래 중국 춘추전국시대에 널리 이름을 떨친 네 명의 군자인 맹상군(제), 평원군(조), 춘신군(초), 신릉군(위)에서 유래한 것으로, 그들의 높은 덕망을 후대가 본받게 하려고 군자(덕성과 지성을 겸비한 최고의 인격자)의 성품을 닮은 '매화', '난초', '국화', '대나무'를 회화로 표현한 것이다. 우리나라 선조들의 역사를 보면 권력의 중심에 늘 '사대부(士大夫)'가 있었는데, 사대부들은 주로 사군자를 즐겨 그리면서 마음과 정신을 가다듬고 자신들의 지조와 절개를 표현하였다. 또 사군자로 불렸던 사람들의 기질적 특성들이 '매화', '난초', '국화', '대나무'의 특징과도 닮아 있다고 할 수 있다. 앞서 살펴보았던 커시 박사가 분류한 4가지 기질인 '보호자 기질(SJ)', '예술가 기질(SP)', '이상가 기질(NF)', '합리가 기질(NT)'은 사군자에서 각각 '매화(SJ)', '난초(SP)', '국화(NF)', '대나무(NT)'로 연결된다.

【사군자】

매화(SJ) 기질

설한 풍파 속에서 맑은 향기와 함께 봄을 제일 먼저 알리며 피어나는 '매화'는 MBTI의 4가지 기질 중 'SJ'에 해당한다. 뒤틀리고 휘어진 나뭇가지는 갖은 고난과 시련 속에서도 삶을 꿋꿋하게 버티며 끈기와 인내로 살아온 강인한 사람임을 뜻한다. 또한 극한의 추위와 바람에도 이른 봄에 일찍 꽃이 피는 성질은 핍박과 역경에도 굴하지 않고 열매를 맺기 위해 날마다 아침을 깨워 늘 부지런함을 유지하며 최선을 다해 살아가는 모습을 대변한다. 또 굵고 선이 힘찬 나무줄기는 자신이 정한 원칙과 계획대로 밀어붙이며 맡은 바 책임과 의무를 다해 자기 일을 성실하게 매듭짓는 모습을 뜻한다.

- 책임감, 의무, 성실, 부지런, 마땅히 해야 하므로
- 나무가 휘고 많이 부러져 있는 것이 특징
- 뒤틀림은 풍파, 태풍, 비바람을 상징
- 역경 속에서도 꽃을 피우는 은근과 끈기
- 나는 꼭 필요한 사람, 나 때문에 조직이 돌아간다고 생각
- 이른 봄에 핌, 가장 부지런함
- 아무리 춥고 비바람이 불어도 해야 함
- 좋으나 싫으나 씨를 뿌림(시편 126:5~6)
- 좋아서 일하기보다는 마땅히 해야 한다는 당위적 표현
- 농부라면 놀지 않고 짧은 시간 안에 다 해 놓음
- 아침에 가장 바쁘다. 주변 돌아볼 여유가 없음
- 인생을 다 지나고 '내 인생 고생밖에 없었구나!'라고 생각

• 대표 이미지 : 봄, 오전 출근 시간, 가장 분주하고 바쁜 시간, 여유 부족

내성매화(ISTJ, ISFJ)	외향매화(ESTJ, ESFJ)
인내와 끈기로 자신에게 주어진 일을 묵묵히 성실하게 하는 책임감 있는 사람들	자신이 소속된 구성원들에게 자신과 동일한 태도를 갖도록 책임감을 요구하는 관리자, 감독자 스타일
• 관리자, 법과 질서 존중, 의무, 근면, 도덕적·윤리적, 꾸준함 • 어려움과 난관 속에서도 물러서지 않는 끈기와 뚝심 • 현실적, 사리분별력, 꼼꼼하게 정보를 검토한 후 일에 뛰어듦 • 화려하지 않고 신중하며 말에 대해 반드시 책임을 지는 책임형 • 철저하게 위험요소에 대비하는 안전주의형 • 기존의 전통과 질서를 따르고 자리를 지키며 검증된 것을 수용함 • 과거의 경험을 토대로 현재의 일에 적용하는 능력이 탁월 • 권위를 가진 상사를 존중하고 자신의 권위도 존중해 주기를 기대	• 감독자, 원리·원칙, 본을 보임, 성실, 부지런, 따지고 간섭함 • 솔선수범으로 앞서 실행해 본을 보이는 사람들 • 시간 안에 완수. 느린 성향의 사람들에 대한 인내심 부족 • 일을 주도적으로 계획, 추진, 마무리하며 이끌어 가는 스타일 • 일의 성취욕, 계획된 것은 실수 없이 처리하는 타고난 관리능력 • 추상적 개념을 피하고 이론보단 현실적 실용적 결과에 관심 • 주장이 강함, 결단력이 있으며 결정된 것은 조급하게 빠르게 추진 • 엄격한 윤리규정 적용, 따르지 않을 시 독재적 태도

난초(SP) 기질

깊은 산골짜기에서 홀로 은은한 향기를 퍼뜨리는 '난초'는 MBTI의 4가지 기질 중 'SP'에 해당한다. 그림에서도 볼 수 있듯이 가장 큰 특징은 '여백의 미'라고 할 수 있다. 이는 난초 성향을 가진 사람들이 일보다는 삶의 여유를 중요하게 여기며 인생을 즐기면서 살아가는 낙천적인 기질임을

엿볼 수 있다. 또 어디로 향할지 알 수 없는 자유로운 선의 움직임은 어떤 준비나 계산이 없이 순간순간 상황에 따라 유연하게 살면서 어떤 규칙이나 제도보다는 자신이 하고 싶은 것, 좋아하는 일을 하며 사는 자유분방한 사람임을 알 수 있다. 마지막으로 가늘고 분명한 선은 마치 예술을 창조해 내듯 무에서 유를 만들어 내는 독창성을 가진 사람으로 볼 수 있다.

- 자유, 기쁨, 여유, 즐거움, '인생 뭐 있어? 한방이지'
- 단순한 인생, 멋진 삶, 인생 행복하게 즐기자는 식, 폼생폼사
- 가진 사람, 밥을 한번 먹어도 폼 나게, 차를 타도 폼 나게
- 이성에게 서로 인기가 많음
- 유혹에 쉽게 넘어감, 일확천금, 로또, 쉽게 효율적으로
- 타고난 재능은 많은데 노력은 하지 않음
- 여백은 곧 여유, 구속되지 않고 바람 부는 대로 나부낌
- 자유롭게 살 수 있는 환경을 선호, 화분 같은 구속 못 견딤
- 뿌리가 얇고 지식이 얕음, 아는 것이 많지 않음에도 알고 있는 것을 유창하고 현란하게 설명
- 일을 반짝 단시간만 함, 새로움 선호, 오래 버티지는 못함
- 자기 스타일로 승부, 무엇이든 즐거워서 해야 능률이 오름
- 노는 것 같으나 일함, 있을 때 누리자
- 대표 이미지 : 여름, 나른한 오후 점심시간, 충분한 휴식과 여유

내성난초(ISTP, ISFP)	외향난초(ESTP, ESFP)
세상을 향해 관망하며 느긋하게 지켜보는 사람들	함께 어울리고 함께 일하기 좋아하는 사람들
• 예술가, 조각가, 자유주의자, 방목·방치형 • 세상을 있는 그대로 지켜보고 바라볼 뿐, 간섭이나 관여를 싫어함 • 혼자 자연과 풍류를 즐기는 태평스러움과 여유로움 추구 • 김삿갓 스타일의 조용한 방랑자들 • 자유로움에 대한 욕구, 규율이 많은 곳에서의 소리 없는 반항 • 자녀 양육에 있어서도 최소한의 관여만 하는 방목 스타일 • 자주적인 일 처리, 팀이 아닌 독자적으로 일할 때 능력 발휘 • 영향을 주거나 자신이 원하는 방향으로 변화시키려 하지 않음 • 자기가 조용히 맞춰 가는 스타일	• 사교가, 연예인, 만능 엔터테이너, 낙천적 긍정적, 매사에 나섬 • 활기 넘치고 위트 넘치는 말재주, 유머, 재미 연출 • 생동감 넘치는 분위기 조성 • 어디서나 잘 어울리는 사교가, 최신 유행을 따르는 멋쟁이 • 문제 해결을 위해 직접 나서서 움직이는 스타일 • 어떤 상황에서도 문제를 낙천적이고 긍정적인 태도로 바라봄 • 현재를 중요시, 충동적 선택과 결정, 복잡하지 않고 간단명료 • 인생은 축제이며 친구 없는 삶은 상상하기 힘듦 • 미래에 대한 걱정 없이(어떻게든 해결되겠지) 현재를 즐김

국화(NF) 기질

늦가을 찬 서리를 맞으며 깨끗한 꽃을 피우는 '국화'는 MBTI의 4가지 기질 중 'NF'에 해당한다. 그림에서도 볼 수 있듯이 꽃망울이 많고 풍성한 꽃잎은 인생을 사는 태도가 단순하지 않고 복잡하며 아무 일도 그냥 지나치지 않고 매 순간의 가치와 의미를 부여하는 기질임을 잘 드러낸다. 또 줄기와 잎을 구분하기 어려울 만큼 줄기와 잎사귀가 꽃 주변으로 뭉쳐져 있는 것은 분열되고 와해되기보다 서로 하나 되고 평화로운 사이가 되어 상생을 추구하고자 하는 '인류애'를 가진 사람임을 알 수 있다. 마지막으로 국화는 빈소에서 예를 갖추어 헌화할 때 사용한다. 이는 삶과 죽음 앞에서 인간의 생을 애도하며 자신을 성찰하고 돌아보는 서정적인 감성을 가진 사람임을 알 수 있다.

- 가치, 신념, 의미, 관계, 문제의 현상을 보기보다 이면을 봄
- 갈등이나 경쟁 관계를 싫어하고 회피하는 경향
- 자신을 타인에게 맞춰 가며 원하는 대로 모양을 만들 수 있음
- 외부적 압력이 오면 자기를 그렇게 맞춰 가는 스타일
- 관계를 매우 중요시하며 조화를 이룸
- 의미 부여, 내적가치 선호, 복잡하게 얽혀있는 심리상태
- 장례식장을 떠올림, 죽음 앞에 바치기도 함
- 인생의 삶과 죽음을 오감, 죽음을 애도하며 자기를 돌아봄
- 내일을 자신의 인생에 죽음 앞에 서 있다는 생각
- 나누고 감사하는 소외된 사람들을 생각, 이상적, 순수자아
- 쾌활함과 우울함이 공존, 아주 좋았다가 금세 우울해짐
- 타인의 아픔이 곧 나의 고통이요 아픔, 내적 공허 항시 존재
- 대표 이미지 : 가을, 오후 해질녘, 노을이 지는 시간, 풍부, 허무, 우울

내성국화(INFP, INFJ)	외향국화(ENFP, ENFJ)
갈등을 싫어하고 이상적 조화를 추구하는 사람들	새로운 관계를 열정적으로 만들어 가는 사람들
• 타고난 경청가, 이상적 자아, 순교적, 자기희생적, 따뜻한 감성 • 피상적 관계보다 깊은 내적 관계를 갈망 • 타인의 감정에 민감하며 다른 사람들의 심리적 필요를 잘 통찰 • 경청과 공감의 달인, 겹겹이 쌓인 복잡한 심리구조 • 이상적 자아로 완벽한 세상을 갈구하며 현실과의 괴리에서 갈등 • 삶이 단순하지 않고 복잡(내 속에 내가 너무도 많아서……) • 삶에 의미 부여하기를 좋아함(하루를 살아도 행복할 수 있다면……) • 겉으로 드러난 일이 아니라 이면에 숨겨진 개인의 여정에 관심 • 자유와 개인적 신념을 위한 과감한 희생	• 열정가, 풍부한 아이디어 상상력, 타고난 동기 부여의 달인 • 낙천적이고 개방적인 사람들 • 인생은 미지의 세계를 살아가는 아주 흥미 있고 드라마틱한 여정 • 직관력이 뛰어나 새로운 아이디어와 풍부한 상상력을 가짐 • 끊임없이 새로운 일을 만들고 추진하는 열정 • 기존의 것이 마무리되지 않은 상태에서 새로운 것을 시작 • 잠재된 재능을 잘 불러일으키고 사람들에게 자신감을 심어줌 • 자신의 열정을 다른 사람들에게 확산시키는 능력 • 화술이 뛰어나 말로 생각을 잘 표현, 동기 부여와 설득의 달인

대나무(NT) 기질

추운 겨울에도 푸른 잎을 계속 유지하며 고결한 군자의 인품을 표현하는 '대나무'는 MBTI의 4가지 기질 중 'NT'에 해당한다. 그림에서도 볼 수 있듯이 위로 곧게 자라 뻗은 줄기와 가지는 주변의 어떤 파장에도 흔들림 없이 대쪽 같은 성품으로, 자신의 신념을 굽히지 않고 주변의 소리에 타협하지 않는 절개와 지조가 있는 사람이다. 줄기의 중간마다 있는 마디는 기승전결의 논리적 연결로 체계를 세워 삶의 문제를 합리적으로 매듭짓는 사람임을 의미한다. 또 대나무는 사시사철 푸른 잎을 유지하며 따뜻하고 습기가 많은 땅에서 잘 자란다. 이는 지적 욕구가 많아 계속 성장하고자 하는 욕구가 강한 사람임을 알 수 있다.

- 논리, 합리, 체계, 분석, 쪼개는 데 선수
- 회초리처럼 매서움, 곧고 강함, 대쪽 같은 사람
- 나무도 아니고 풀도 아닌 것이 수중에서 곧게 뻗어 위로 향함
- 대나무의 마디는 삶을 지탱해 주며 일의 매듭을 짓는다는 점을 의미
- 논리적으로 매듭을 짓고 체계를 잡아 주는 사람
- 잘 따짐. '왜 그렇습니까?', '이유가 무엇이냐', '이해가 안 된다'고 자주 말함
- 논리적 설명과 증명이 필요, 비전과 목표가 있음
- 항상 불만스러움, 만족이 없음(올라가도 끝이 안 보임)
- 지적 욕구(공허), 지적 우월감, 나는 똑똑하다
- 아주 단단한 뿌리, 영양분을 잘 흡수, 너무도 강력한 뿌리 내재
- 공부하고 끊임없이 연구, 꽃이 잘 피지 않음
- 칭찬, 격려에 인색, 쪼개고 또 쪼갬, 토론과 논쟁을 즐김
- 대표 이미지 : 겨울, 밤의 황태자, 어두운 세상을 나의 지식의 빛으로 비춤

내성대나무(INTP, INTJ)	외향대나무(ENTP, ENTJ)
논리적 시스템을 추구하는 전문적 이론가들	주변 세계를 변화시키기 위해 행동하는 사람들
• 연구가, 이론가, 시스템적 사고, 다량의 독서, 끊임없는 의문 • 늘 푸름을 유지하며 변하지 않는 굳은 의지와 신념 • 권위적 압력에 굴하지 않고 자신의 신념과 논리를 유지 • 타인의 말을 쉽게 믿지 않으며 납득이 되고 증명이 될 때까지 끊임없이 의심하는 회의적 성향 • 딱딱해 보이고 다가가기 힘든 잘난 척하는 사람들로 오해받음 • 매우 독립적인 성향, 간섭과 지배를 받기 싫어함 • 끊임없이 배우고 공부하는 관념주의자이며 아이디어맨 • 창의적이고 새로운 아이디어가 많으나 적용하는 데 관심이 적음	• 혁신가, 개혁가, 도전정신, 능력·성취지향, 과한 자신감 • 자신의 꿈과 비전을 적용하기 위해 끊임없이 행동하는 사람들 • 도전 정신, 능력 지향, 혁신가형 • 문제를 두려워하지 않고 정복해야 할 흥미로운 대상으로 인식 • 혁신적인 접근으로 규칙과 절차를 쉽게 포기 • 능력 지향적인 사람들로서 무능함에 대해 인내심 약함 • 목표 달성을 위해 기존의 전통과 질서를 무시하여 갈등이 옴 • 이상을 현실로 만들기 위해 변화와 혁신에 대한 끊임없는 투혼을 발휘함

2. 진로

이제 MBTI를 진로와 연결해 보자. 진로(進路)란 '인생의 나아갈 길, 방향'으로서 진로에 대한 학자들의 정의는 다음과 같다.

진로(進路)란 한 개인이 생애 동안 일과 관련해서 경험하고 거쳐 가는 모든 체험이다(김계현, 1995).

또 자아의 이해, 일과 직업 세계에 대한 이해를 바탕으로 개인의 일생 또는 생애를 합리적으로 선택하고 결정하는 일이라 정의할 수 있으며 광범위하게 본다면 한 개인의 삶 자체가 진로라고 할 수 있다(김봉환, 2007).

이처럼 진로는 직업이라는 좁은 개념이 아니라 삶이라는 넓은 의미 안에서 함께 고민해야 할 중요한 일이다. 다시 말해 진로를 결정하는 일은 단순히 직업을 결정하는 시간이 아니라 한 사람이 자신의 삶을 어떻게 살아갈 것인지 삶의 큰 방향을 정하는 시간이며 그 방향 안에서 내가 어떤 직업을 가져야 할지 구체적으로 설계하는 시간이라고 할 수 있다. 인생은 속도가 아니라 방향이라는 말이 있다. 내가 정한 삶의 방향에 따라 직업을 결정해야 하는데, 누군가 그 직업을 강요하거나 많은 사람이 그 직업을 선호한다고 해서 무조건 그 직업을 따라가는 것은 돛대가 없이 바다를 항해하는 배와도 같다. 그러니 직업을 정하기 전에 먼저 삶의 방향부터 정해야 한다.

진로상담

진로를 정하는 일이 특정한 직업을 결정짓는 시간이 아니라, 그보다 더 큰 삶의 방향을 정하고 그 방향에 맞게 직업을 선택하는 일이라면 진로의 방향은 어떻게 되어야 하는가? 바로 그 방향을 안내하는 것이 '진로상담'이 되어야 한다. 그렇다면 '진로상담'은 무엇일까? 진로상담에 관한 여러 학자의 의견을 정리해 보면 다음과 같다.

진로상담이란, 진로지도를 효율적으로 이끄는 방편으로 개인이 지닌
잠재 가능성을 인식하고 탐색하도록 도와 개인이 원하는 진학 및 직
업을 선택하고 이에 잘 적응하도록 함으로써, 선택한 진학 및 직업에
들어가 만족하고 능률을 향상시키며 행복감을 느끼며 지낼 수 있도
록 돕는 일이다.

이처럼 진로상담의 방향은 한 개인이 충분히 자신의 능력을 발휘할 수
있는 직업을 선택하도록 안내함으로써 그 직업을 통해 만족을 얻고 행복
감을 느끼게 해 주는 일이 되어야 한다. 다시 말해 직업 자체를 위한 고민
이 아니라 그 직업을 가짐으로써 개인이 얼마나 만족해하고 행복감을 얻
을 수 있을지 함께 고민해 주는 시간이 진로상담인 것이다.

이를 위해 진로상담자가 가져야 할 기본 목표는 다음과 같다. 진로상담
은 먼저 개인적으로는 자아를 실현하고 국가적으로는 인력의 효율적인
활용 안에서 국가 발전에 이바지할 수 있도록 해야 한다. 이를 토대로 자
신에 대한 정확한 이해, 직업 세계에 대한 이해, 합리적인 의사결정 능력
의 증진, 정보 탐색 및 활용 능력의 함양, 일과 직업에 대한 올바른 가치관
및 태도 형성을 하도록 내담자를 도와야 한다.

성격과 진로

다음은 성격과 진로에 대한 부분이다. 앞서 진로란, 인생의 큰 방향 안
에서 직업을 선택하는 시간이라고 말했다. 그리고 그 직업 선택의 방향은
자신의 잠재적 능력을 충분히 발휘하여 '자기실현'을 할 수 있도록 해 주
는 일이 되어야 한다고 했다. 그렇다면 이러한 진로가 성격과는 무슨 상

관이 있는가? 개인의 성격이 진로에 영향을 주는가? 결론부터 말하자면 성격과 진로는 바늘과 실처럼 매우 연관이 깊다. '직업에는 귀천이 없다'는 말처럼 세상에 좋은 직업, 나쁜 직업은 없다. 내가 하고 싶은 일과 하기 싫은 일이 있을 뿐이다. 이처럼 진로를 결정할 때 자신의 성격을 고려하지 않는 것은 자신의 적성(適性)과 맞지 않는 전공을 선택해서 원하지 않는 직장에 취업하고 스트레스와 능력에 비례하지 않는 부정당한 처우를 받다가 결국 퇴사하는 지름길이 될 수 있다. 따라서 자신의 적성에 맞는 전공과 직업을 선택하는데 필수적인 요건은 바로 '내가 누구인지 아는 것'이다. 이를 위해 필요한 것이 바로 '진로검사'다. 진로검사는 개인의 흥미, 가치, 적성, 성격 등을 파악하는 것이다.

- 흥미검사 - 자신이 무엇을 좋아하는지 모르는 상태에서 무엇에 관심을 가지고 있는지 알아보는 검사
- 가치검사 - 흥미를 바탕으로 자신이 중요하고 의미 있게 여기는 가치를 알아보는 검사
- 적성검사 - 개인의 잠재적 능력과 역량이 어느 정도인지를 가늠해 보는 검사
- 성격검사 - 자신의 타고난 성향, 기질, 성격 유형을 파악해 보는 검사

과거의 진로상담은 성격을 배제한 상담이 많았으나 지금의 추세는 진로상담과 함께 성격을 같이 통합하여 상담을 같이하는 상황이 많다. 진로상담을 할 때 진로와 성격적 요소(흥미, 가치, 욕구)들이 어떻게 내담자의 삶에 서로 얽혀있는지를 인식하고 진로에 대한 고민을 해결해 주는 노력

이 필요한 것이다. 또 진로 고민의 원인이 내담자가 처한 직업 상황에 있을 수 있다. 이직하고자 진로상담을 찾아왔을 때 사실은 일에 불만보다 직장 내 대인관계의 어려움으로 내담자의 성격이 문제가 될 수 있다. 따라서 성격적 문제를 해결해 주면 더는 이직할 이유도 일을 그만둘 필요도 없어진다. 이처럼 성격과 진로는 서로 밀접한 연관이 있으며 성격을 고려하지 않는 진로 선택은 이제 무의미한 결정이 될 수 있다.

성격과 진로이론

특성요인이론

발달이론

인성이론

직업적응이론

【다양한 진로이론】

진로선택에 관한 이론들은 다양하다. 첫째 자신에 대한 명확한 이해와 직업 지식의 합리적 연결을 도와주는 '특성요인 이론'이 있다. 둘째 인간의 전 생애에 걸쳐 이루어지고 변화하는 것을 추구하는 '진로발달이론'이 있다. 셋째 개인의 행동 양식과 인성 유형이 직업선택에 큰 영향을 미친다는 '인성 이론'이 있다. 넷째 개인과 직업 환경의 조화를 통한 직업적응 과정을 설명하는 '직업적응이론'이 있다.

이 중 수퍼(Super)의 진로이론에서 '아치웨이 모형'은 개인적 요인(성격, 흥미, 가치, 적성, 욕구)과 환경적 요인(노동시장, 사회, 학교, 지역사회)의 상호작용 속에서 진로가 발달한다고 보았다. 또 이러한 다양한 진로이론 중에서 가장 많이 사용하고 있는 대표적인 진로이론은 'Holland의 성격 이론'이다. 홀랜드는 "직업의 선택은 성격의 표현이다"라는 개념을 바탕으로 '리아셋(RIASEC) 모형'을 개발하여 성격 유형을 여섯 가지로 분류하고 그에 따른 직업 환경도 여섯 가지로 분류하였다.

성격 유형	흥미와 관심	직업 환경
R (현실형)	실용적이고 구체적인 일을 좋아하는 사람들	기술자, 조종사, 엔지니어, 공학자, 전기기사, 정비사, 운동선수
I (탐구형)	과학적, 지적 탐구를 좋아하는 사람들	과학자, 화학자, 의사, 인류학자, 생물학자, 물리학자
A (예술형)	예술적 자질, 자기표현 기회를 중시하는 사람들	예술가, 음악가, 소설가, 무용가, 미술가, 디자이너
S (사회형)	다른 사람들과 함께 일하며 사람들을 교육하거나 돕고, 정보를 알려주는 일을 좋아하는 사람들	사회복지가, 종교지도자, 상담가, 간호사, 교육자, 유치원 교사
E (진취형)	경제적 성취나 조직 목표 달성을 위해 남을 이끌고 관리하는 일을 좋아하는 사람들	기업 경영인, 영업사원, 정치가, 상품 구매인, 판사, 보험회사원
C (관습형)	정확성을 요하는 체계적 활동을 좋아하는 사람들	공인회계사, 은행원, 세무사, 컴퓨터 프로그래머, 경리사원, 감사원

홀랜드의 진로이론은 직업이 성격과 밀접한 연관이 있으며, 성격 유형에 따라 선호하는 직업이 달라질 수 있음을 증명하는 최초의 이론이 되었다. 또 홀랜드 이론뿐 아니라 MBTI, 에니어그램, 빅 파이브 등 성격 유형을 분류하는 이론들이 자신에게 알맞은 진로와 직업 선택을 하는 데 있어 유용한 도구가 될 수 있음을 시사해 주었다.

〈MBTI® Form M 매뉴얼. 제12장 성격 유형에 따른 직업의 경향〉

선호지표	선호하는 직업 경향
외향형(E)	사람들과 상호작용할 수 있는 일을 하거나 책상을 떠나 사무실 밖에서 활동하는 일
내향형(I)	다소 독립되어 집중하는 것이 허용되는 일
감각형(S)	실용적 직업, 세부사항에 집중을 요하거나 조심스러운 관찰을 요하는 일
직관형(N)	이론적 직업, 풀어야 하는 새로운 문제를 계속 제공받는 일
사고형(T)	기술적, 과학적 구성 요소를 지닌 직업, 논리적 순서, 숫자, 수치, 물리적인 객체가 존재하는 일
감정형(F)	의사소통과 대인관계를 강조하는 직업, 사람들에게 서비스를 제공하는 일
판단형(J)	체계나 질서에 대한 필요를 부과하는 일
인식형(P)	변화하는 상황에 적응을 요하거나 상황을 관리하기보다는 상황에 대한 이해가 더 중요한 일

청소년기는 일의 중요성에 대한 인식이 뚜렷해지며 진로 준비의 결정적 시기로 청소년의 발달과정에서 반드시 필요하다. 이를 위해서는 다음과 같은 단계로 진로지도 프로그램이 진행되어야 한다.

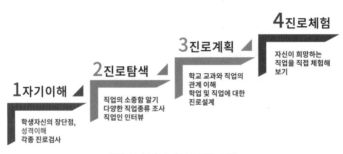

【청소년 진로지도 프로그램】

〈MBTI® Form M 매뉴얼. 16가지 성격 유형의 직업 경향〉

ISTJ	ISFJ	INFJ	INTJ
경험을 활용할 수 있고 과업 완수를 위해 세부사항에 집중할 수 있는 직업	개인적으로 남을 도왔던 경험을 살릴 수 있는 직업	정서적, 지적, 영적 개발을 촉진할 수 있는 직업	개념화, 과업을 완수하는 데 지적 창의력과 기술적 지식을 활용할 수 있는 직업
관리, 행정, 회계	교육, 건강관리, 종교 분야	종교, 상담, 교육, 예술	과학 및 기술 분야, 컴퓨터, 법률
회계사, 건축가, 사무직	교사, 의료직, 사무직, 비서직	예술가, 작가, 성직자	의사, 과학자, 교수
ISTP	**ISFP**	**INFP**	**INTP**
자료나 사물을 갖고 손수 분석 작업을 활용할 수 있는 직업	부드럽고 서비스 지향적 태도를 세부적으로 활용할 수 있는 직업	창의력을 활용할 수 있고 가치에 초점을 맞출 수 있는 직업	기술적 전문성에 기초하여 문제를 혼자 객관적으로 분석할 수 있는 직업
전문 무역, 기술 분야, 농업, 법 집행, 군인	건강관리, 상업, 법 집행	상담, 저술, 예술	과학 및 기술 분야
엔지니어, 법률가, 물리치료사	성직자, 의료직, 예술가	심리상담가, 교직, 작가	연구원, 순수과학, 이론가

ESTP	ESFP	ENFP	ENTP
필수적인 세부사항에 주목하며 행동할 수 있는 직업	사람들의 실제적인 필요를 채워 도와주고, 사교적인 성품과 열정을 활용할 수 있는 직업	타인의 성장을 촉진하기 위해 창의력과 의사소통을 활용할 수 있는 직업	지속적으로 새로운 도전이 부여되는 직업
마케팅, 전문 무역, 상업, 법 집행, 활용 공학	건강관리, 교육, 코칭, 아동 보호, 전문 무역	상담, 교육, 종교, 예술	과학, 관리, 공학, 예술
경찰, 엔지니어, 레크레이션 강사	서비스직, 디자이너, 간호사	작가, 예술가, 목회자	발명가, 저널리스트, 과학자
ESTJ	ESFJ	ENFJ	ENTJ
과업 달성을 위해 논리와 사실을 조직화하는 능력을 활용할 수 있는 직업	타인에게 서비스를 제공하기 위해 개인적인 관심을 활용할 수 있는 직업	타인이 정서적, 지적, 영적으로 성장하도록 도울 수 있는 직업	과업 완수를 위해 냉철한 분석과 전략적 계획 및 조직화를 활용할 수 있는 직업
관리, 행정, 법 집행	교육, 건강관리, 종교	종교, 예술, 교육	관리, 리더십
관리자, 사업가, 행정가	교직, 서비스업, 사회복지사	교사, 심리상담사, 성직자	경영자, 정치인, 연설가, 컨설턴트

<MBTI 기질별 직업 경향>

4기질	선호하는 직업 경향
매화 (SJ)	매화 기질은 건강관리나 교육 분야와 같이 비즈니스에서 세부사항을 활용하는 실용적인 방식에 초점을 두는 환경에서 실제적인 방식으로 일하기를 원한다.
난초 (SP)	난초 기질은 스포츠, 예술, 오락, 예체능 분야의 자유로운 환경에서 누군가의 통제 없이 자신의 끼와 재능을 충분히 발휘하며 독립적으로 일하기를 원한다.
국화 (NF)	국화 기질은 종교, 상담, 서비스 분야와 같이 사람을 지원하고 돕는 환경에서 사람이 성장하고 발전하는 데 관심을 가지며 자신과 타인을 더 잘 이해할 수 있기를 원한다.
대나무 (NT)	대나무 기질은 타인에게 도전이 되는 과학, 공학, 관리 등과 같이 이론적인 구조에 초점을 두는 환경에서 자신의 전략적인 초점과 관리 기술을 사용하기를 원한다.

MBTI와 에니어그램을 활용한 성격 분석

두 번째로 독자들과 나누고 싶은 주제는 'MBTI와 에니어그램을 활용한 성격 분석'이다. 요즘 현장에서 성격검사를 진행할 때 가장 많이 활용되고 있는 검사 도구는 'MBTI'와 '에니어그램'일 것이다. 필자는 이 두 검사 도구를 국내에서 가장 전문적으로 가르치고 있는 '한국에니어그램교육연구소(KEEC)'와 '한국 MBTI 연구소'에서 전 과정을 각각 이수하였고, '한국열린사이버대학(OCU)'에서 '상담심리'를 전공하여 심리학의 관점으로 두 도구 간의 상관성을 오랜 시간 연구하였다.

간혹 내담자들은 자신의 성격 유형을 판단할 때 MBTI가 정확한지 아니면 에니어그램이 정확한지 궁금해 하는 경우가 있다. 그런 경우 상담자는 에니어그램과 MBTI의 유형이 서로 어떤 공통점과 차이점이 있는지를 명확히 알고 있어야 한다. 만약 MBTI 유형에서 에니어그램의 유형과 비슷한 유형이 나왔을 때는 내담자가 자신의 유형을 솔직하게 노출하고 있다고 볼 수 있겠으나 서로 전혀 연관성이 없는 유형들이 나왔다면 어느 한쪽의 결과는 신뢰하기 어려울 수도 있다.

심리상담에서 심리검사를 진행할 때 한 가지 도구로만 하지 않고 '풀 배터리검사'로 진행하는 이유도 여기에 있다. 성격을 측정할 때도 특정한 검사 도구만을 사용하기보다 상호비교가 가능한 검사 도구를 번갈아 사용하는 것이 의미 있는 결과를 얻는 데 도움이 된다. 그렇다면 이 대표적인 성격검사 도구인 에니어그램과 MBTI는 서로 어떤 상관이 있을까? 앞서 MBTI에 대해서는 충분히 설명하였으니 이번에는 '에니어그램'에 대해 알아보자.

1. 에니어그램이란

에니어그램의 역사

에니어그램은 희랍어로 'ennea(아홉)'이라는 단어와 'grammos(점·선·도형)'의 합성어로 그 유래와 기원이 명확하게 밝혀진 바가 없으나 기원전 약 3,000년 말경 고대 수도승이자 이슬람의 신비주의자들인 '수피즘(Sufism)'에 의해 구전으로 시작된 이론으로 알려져 있다. 이 에니어그램을 당시 러시아에 속해 있던 알렉산드로폴에서 태어난 구르지예프(G. I. Gurdjieff, 1866~1949)가 중앙아시아와 중동 지역을 여행하던 중 수피교단에서 가장 큰 '낙쉬반디야'의 성지인 부하라에서 접하게 되었고 여행을 마치고 온 뒤부터 유럽에서 가르치기 시작하였다.

구르지예프는 에니어그램이야말로 인간을 이해할 수 있는 가장 이상적인 가르침으로 보고 에니어그램의 상징(symbol)을 근거로 인간의 모습과 성장해야 할 방향을 제시하였다. 구르지예프의 가르침에 의하면 인간은 세 가지 몸(신체, 정서, 사고)을 가지고 있으며, 인간이 자신을 제대로 자

【에니어그램의 역사 - 한국에니어그램통합치료연구소 제공】

각하지 못한 상태에서 살아가게 되면 신체에 지배되거나, 정서에 지배되거나, 사고에 지배당하는 '기계 인간' 혹은 '수인(囚人)'의 상태가 될 수 있다고 경고하였다. 그러나 세 가지 몸을 통합한 '4번 인간'이 된다면 '의식적인 사람'이 되어 '복수의 나'에서 벗어나 '진정한 나'로 살아갈 수 있다고 하였다.

구르지예프의 이러한 가르침은 구르지예프 사후 반세기가 지나 1960년대 후반 중동 아프가니스탄에서 에니어그램을 만난 볼리비아 이차조(Oscar Ichazo, 1931~2020)에 의해 다시 정리되었고 구르지예프가 에니어그램에 대해 상징을 중심으로 가르쳤다면 이차조는 에니어그램을 '에니어곤(Enneagon)'이라 부르며 '아홉 가지 유형'에 초점을 두어 가르친 것에 그 차이를 보인다.

한편 미국의 정신과 의사인 칠레의 나란조(Claudio Naranjo, 1932~2019)는 1970년대 이차조로부터 에니어그램을 배워 의학적으로 명시된 정신장애를 성격 유형과 연결하여 어떻게 집착에서 벗어날 수 있는지 심리학적으로 연구하였고 나란조의 제자인 팔머(Helen Palmer)는 명상을 활용하여 에니어그램의 강박적 패턴에서 벗어나는 방법을 안내하였다.

마지막으로 미국의 사회심리학자인 리소(Don Richard Riso, 1946~2012)와 그의 동역자인 허드슨(Russ Hudson)은 1991년 에니어그램 연구소를 공동으로 설립하여 에니어그램의 종교색채를 과감히 탈피하고 에니어그램을 성격 심리학적으로 접근하여 아홉 유형의 발달수준을 밝히며 에니어그램을 대중화하는 데 큰 공헌을 하였다. 국내에서는 대표적으로 윤운성 박사에 의해 설립된 '한국에니어그램교육연구소(KEEC)'가 있으며 에니어그램을 상담 치료적으로 접근하고 있는 '한국 에니어그램 통합치료 연구소'가 있다.

상징도형의 의미

에니어그램에서 상징도형의 의미는 매우 중요하다. 상징도형의 해석은 에니어그램이 어떤 도구인지, 어떤 사상을 담고 있는지, 궁극적으로 어떤 인간을 만들기 위한 목적이 내포되어 있는지 말해 주고 있다. 구르지에프가 그토록 에니어그램의 상징에 집중했던 이유도 이 때문이다. 모든 상담 이론에는 그 이론에서 지향하는 '인간관'이 있다. 에니어그램에서는 어떤 인간이 훌륭하고 온전한 인간인지 세 가지로 설명한다. 첫째는 '원'이다. 원은 '하나, 합일, 통합'의 개념으로 인간이 자신의 타고난 성격 유형과 더불어 에니어그램의 아홉 유형이 하나로 통합된 '완전하고 이상적인 인간'을 지향한다는 것을 의미한다. 둘째는 '삼각형'이다. 삼각형은 '균형, 안정, 창조'의 개념으로 인간의 세 중심(머리, 가슴, 장)이 균형을 이루어 '지, 덕, 체'가 형성된 모습이며, 세 가지 힘(능동, 수동, 중립)의 조화와 상호작용 속에서 일어나는 창조를 의미한다. 셋째는 '헥사드'이다. 헥사드는 '변화, 역동, 연속성'의 개념으로 인간의 에너지가 정지되어 있지 않고 변화와 성장을 향해 역동적으로 움직이고 있으며 이는 '1-7-5-8-2-4-1, 3-6-9'의 순서로 통합과 분열의 방향 안에서 반복됨을 의미한다. 결론적으로 에니어그램에서 지향하는 인간은 '완전하고 이상적인 인간'이 되기 위해 자신의 성격 유형을 하나로 통합하고 세 중심의 균형을 이루며 통합과 분열의 흐름 안에서 매일 성장과 퇴보를 반복하는 존재라고 할 수 있다.

【원(Circle), 삼각형(Triads), 헥사드(Hexad)】

세 중심과 아홉 유형

인간은 기본적으로 세 가지 방식에 의존하여 힘을 쓰게 된다. 예를 들어 머리를 쓰거나(독서, 공부 등 사고 영역), 감정을 쓰거나(인간관계, 사랑 등 정서 영역), 본능을 쓰는 형태(식사, 운동 등 신체 영역)가 될 수 있다. 에니어그램에서는 이를 '세 중심' 또는 '힘의 중심'이라고 부른다. 이에 따라 인간을 세 중심, 세 종류의 인간 '머리형 인간, 가슴형 인간, 본능/장형 인간'으로 구분한다.

머리형 인간은 '공포'라는 기본적 정서가 있고 '안전/불안(anxiety)'을 중요시하는 사람들이다. 가슴형 인간은 '수치심'이라는 기본적 정서가 있고 '자아 이미지(Self-image)'를 중요시하는 사람들이다. 본능/장형 인간은 '분노'라는 기본적 정서가 있고 자신의 '경계/영역(boundaries)'을 중요시 하는 사람들이다. 그리고 이 세 중심 안에서 각각 세 가지 성격이 파생되어 '아홉 유형'이 나타난다. 머리형에서는 공포심을 해결하기 위해 사고를 쓰는 방향이 다른데 5번 유형은 '사색적 사고'를 하고, 6번 유형은 '의존적 사고'를 하며, 7번 유형은 '경험/모험적 사고'를 한다. 가슴형에서는 수치 심을 해결하기 위해 감정을 쓰는 방향이 다른데, 2번 유형은 '이타적인 감정'을 사용하고, 3번 유형은 '의도적인 감정'을 사용하며, 4번 유형은 '개인적인 감정'을 사용한다. 본능/장형 인간은 분노를 해결하기 위해 본능을 쓰는 방향이 다른데, 8번 유형은 '분노를 표현'하고, 9번 유형은 '분노를 부

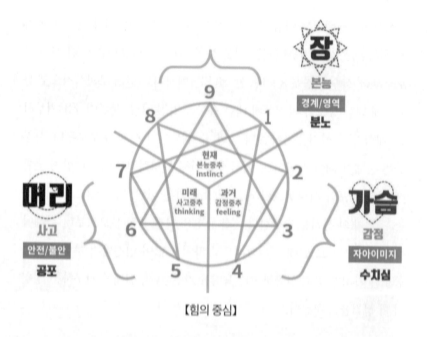

【힘의 중심】

인'하며, 1번 유형은 '분노를 억압, 분노에 의한 분노'를 한다. 이렇게 에니어그램에서는 힘을 사용하는 방식에 따른 세 중심과 머리, 가슴, 본능/장을 사용하는 방식에 따라 아홉 가지 성격으로 분류하고 있다.

어린 시절과 성격

에니어그램에서의 성격은 '어린 시절의 경험'을 통해 형성된다는 가정을 하고 있다. 물론 성격이 어느 특정 시기의 경험으로 완성되는 것은 아니다. 그러나 인간이 태어나서 처음으로 누구와 관계를 맺고 어떤 영향을 받았는지에 대한 '초기 경험'은 성격의 동기와 태도를 결정하는 중요한 사건이 된다. 특히 유아 초기에 부모로부터 받은 메시지와 부모 자녀와의 정서적 관계 경험 즉 '애착(attachment)'은 자녀의 성격에 결정적인 요인이 된다.

에니어그램에서는 아홉 유형의 어린 시절 부모와의 대상 경험에서 각각 독특한 성격이 만들어지는 것을 볼 수 있다. 1번 유형은 어린 시절 부모로부터 '실수나 잘못을 해선 안 된다'는 메시지로 인해 무의식적으로 불완전에 대한 공포와 완전함에 대한 욕망을 가진 사람, 불완전함을 거부하는 '개혁가'의 성격을 추구한다. 2번 유형은 어린 시절 부모로부터 '사랑받는 존재가 되어야 한다'는 메시지로 인해 무의식적으로 사랑받지 못함에 대한 공포와 사랑받고자 하는 욕망을 가진 사람, 자기 필요를 거부하는 '조력가'의 성격을 추구한다. 3번 유형은 어린 시절 부모로부터 '잘해야 한다'는 메시지로 인해 무의식적으로 가치가 없어 인정받지 못함에 대한 공포와 가치가 있고 성공하려는 욕망을 가진 사람, 실패를 거부하는 '성취가'의 성격을 추구한다.

4번 유형은 어린 시절 부모로부터 '예쁘고 아름다워야 한다'는 메시지로 인해 무의식적으로 자기만의 정체성이 없는 것에 대한 공포와 특별함에 대한 욕망을 가진 사람, 평범함을 거부하는 '예술가'의 성격을 추구한다. 5번 유형은 어린 시절 부모로부터 '아는 것이 힘이고 무식이 죄다'라는 메시지로 인해 무의식적으로 쓸모없는 무능함에 대한 공포와 지식이 있어 유능한 사람, 공허함을 거부하는 '사색가'의 성격을 추구한다. 6번 유형은 어린 시절 부모로부터 '세상은 위험하다. 항상 조심하라'는 메시지로 인해 무의식적으로 불안전에 대한 공포와 안전에 대한 욕망을 가진 사람, 일탈을 거부하는 '충성가'의 성격을 추구한다.

7번 유형은 어린 시절 부모로부터 '인생은 짧다. 즐겁게 살아야 한다'는 메시지로 인해 무의식적으로 불행과 고통에 대한 공포와 즐거움에 대한 욕망을 가진 사람, 지루함을 거부하는 '열정가'의 성격을 추구한다. 8번 유형은 어린 시절 부모로부터 '강한 자가 살아남는다. 힘이 있어야 한다'는 메시지로 인해 무의식적으로 통제당함에 대한 공포와 힘에 대한 욕망을 가진 사람, 나약함을 거부하는 '통솔가'의 성격을 추구한다. 9번 유형은 어린 시절 부모로부터 '싸우거나 주장하지 말고 양보해야 한다'는 메시지로 인해 무의식적으로 타인과 연결되지 못함에 대한 공포와 평화에 대한 욕망을 가진 사람, 갈등을 거부하는 '화평가'의 성격을 추구한다. 이렇게 에니어그램에서는 어린 시절의 메시지가 무의식적 공포와 욕망을 만들어 내고 무의식적 욕망이 집착으로 이어져 성격으로 나타남을 알리고 있다.

어린 시절 메시지	무의식적 두려움	무의식적 욕망/ 집착	회피	성격 유형
실수하면 안 된다	사악, 부도덕, 결함, 불완전	흠이 없음, 완전함	불완전	개혁가
사랑받아야 한다	사랑받지 못함	사랑받음, 필요한 존재	자기 필요	조력가
잘해야 한다	가치 없음, 인정받지 못함	가치 있음, 성공	실패	성취가
예뻐야 한다	정체성이 없음	특별함, 중요한 존재	평범	예술가
알아야 한다	쓸모없음, 무능함	유능함, 지식 있음	공허	사색가
조심해야 한다	불안전함, 보호받지 못함	안전, 지지	일탈	충성가
즐거워야 한다	박탈, 고통, 슬픔, 불행	즐거움, 기쁨, 재미	지루함	열정가
힘이 있어야 한다	통제당함, 힘을 잃는 것	주도권, 힘을 가지는 것	나약함	통솔가
싸우면 안 된다	연결되지 못함, 분리	연결됨, 평화	갈등	화평가

2. MBTI와 에니어그램 성격 유형에 대한 비교

이제 간략하게 살펴본 에니어그램과 앞서 공부한 MBTI를 비교해 보자. 이 시간이 유의미한 것은 에니어그램과 MBTI가 각각 분명한 색을 가지고 서로 비교된다는 점에서 의미가 있을 것이다. 먼저 인간의 유형을 분류하는 것은 그 유형이 몇 가지로 나누어지든지 중요하지 않음을 밝혀 둔다. 그리고 성격 이론이나 검사들은 어디까지나 그 이론을 만든 학자들의 견해에 따라 유형의 분류 기준과 해석이 달라지기 때문에 어떤 이론이 절대적이거나 우월한 것은 없다는 사실을 명심해야 한다. 다만 자신의 성격에 대해 자신이 분명하게 인정할 만한 해석을 보이는 이론이나 검사 도구가 있다면 오히려 그 이론과 해석을 믿는 편이 자신에게 좀 더 타당하다. 남이 내게 '너는 이런 사람이야'라고 왈가왈부하더라도 결국 자신이 그 해석에 동의하지 않는다면 의미가 없다. 따라서 자신의 성격을 판가름하는 데 있어 MBTI 검사가 더 명확한지, 에니어그램 검사가 더 명확한지는 오로지 자신의 판단과 믿음에 달려 있음을 알아야 한다.

글의 맨 서두에도 밝혔듯이 성격에는 좋고 나쁨, 옳고 그름이 없으며 상호 간 차등이 없이 모든 성격은 평등하다. 그러나 에니어그램을 검사한 후 MBTI를 검사했을 때 그 결과에 대한 연관성이 있는지 없는지를 파악하는 일은 개인에게 매우 의미가 있다. 왜냐하면, 내가 검사에 솔직하게 임할수록 어떤 검사 도구를 가지고 측정하더라도 결과는 비슷하게 나올 것이기 때문이다. 만약 서로 전혀 연관성이 없는 유형이 나왔다면, 분명 어느 한쪽은 내가 지나치게 방어적으로 검사에 임한 것일 수 있고 자신에 대한 이해가 명확해 있지 않은 상태라고 볼 수 있을 것이다. 따라서 아래 도표로 비교되는 MBTI와 에니어그램, 각 유형 간의 상호비교는 나 자신을 분명히 통찰하는 데 도움을 줄 것이다.

필자가 연구한 바에 의하면 MBTI와 에니어그램 모두 '사람들은 서로 다르며 태어날 때부터 자신만의 유형을 가지고 태어난다'는 '자기 유형의 정체성'에 있어서는 입장을 같이하고 있으나, MBTI가 자신의 선호에 따라 독특하고 분명한 개인의 전문화된 성격 '개별화(Individuation)'를 강조하는 반면, 에니어그램은 어린 시절부터 부모, 환경의 영향에 따라 무의식적으로 고착된 성격의 동일시에서 빠져나와 '자기초월적인 인간(self-transcendent)'이 되는 것을 강조하고 있다는 점에서 다르다. 다시 말해 MBTI는 성격의 주체적인 기능 즉 '주기능'이 먼저 충분히 발달하고 난 후 나머지 성격의 기능이 주기능의 보조를 이루는 발달로 균형을 맞춘다면, 에니어그램은 자신의 기본 유형에서 벗어나 모든 유형의 발달이 똑같이 이루어져 통합을 이루는 전체적인 균형을 말하고 있다.

〈MBTI와 에니어그램의 비교〉

	MBTI	에니어그램
공통점	유형이론, 자기보고식 검사, 비진단 검사(성격의 순위 ×) 타고난 유형이 존재(검사 결과가 달라짐 ⇒ 자기유형의 확장)	
차이점 1	이분법적 범주(대극이론) 정신적 건강·병리수준 측정 ×	삼분법적 범주(머리/가슴/장) 정신적 건강·병리수준 연결
차이점 2	성격특성이론 사람마다 어떤 독특한 특성을 가지는지에 초점(개인차)	성격과정이론 성격이 어떻게 형성되는지의 과정에 초점(연속성)
차이점 3	개별화(Individuation) 개인과 타인의 독특성을 이해·수용	자기초월적 인간(self-transcendent) 성격을 초월한 의식적 존재
차이점 4	주기능을 중심으로 발달하여 나머지 기능이 균형을 이루도록 함	기본 유형에서 벗어나 모든 유형이 똑같이 발달하여 통합을 이루도록 함
차이점 5	유형끼리의 상호 연결성 × 예) 외향 ↔ 내향	유형끼리 상호 연결됨 예) 1-7-5-8-2-4-1, 3-6-9

ISTJ 유형과 에니어그램 1번 유형

ISTJ 유형은 원리 원칙적이며 양심에 충실한 사람들이다. 주기능을 Si(내향적 감각형)로 사용하기 때문에 에너지가 내부에서 아주 섬세하게 흐른다. 논리적이고 합리적인 선택을 하며, 시작한 일을 끝까지 성실하게 마무리하는 책임감이 있다. 그러나 지나친 원칙과 도덕심으로 완벽을 지향하다 보니 경직되어 융통성이 없고 유연하지 못하다.

에니어그램에서는 1번 유형이 ISTJ 유형과 많이 닮아 있다. 1번 유형은 불완전에 대한 공포심이 있어 내면에 완전해지려는 욕망이 강하다. 그래서 너무 깨끗한 양심 때문에 자신이 가진 부도덕함이나 실수를 용납하지 못하고 작은 잘못에도 쉽게 분노하는 버릇이 있다. ISTJ 유형처럼 에니어그램 1번 유형도 지나친 완벽주의를 내려놓고 자신에게 쉼을 주어 삶을 즐길 수 있는 여유가 필요하다.

ISFJ 유형과 에니어그램 6번 유형

ISFJ 유형은 공동체를 수호하며 자신을 내세우지 않고 뒤에서 조력하는 사람들이다. ISTJ와 마찬가지로 주기능을 Si(내향적 감각형)로 사용하지만 부기능이 Fe(외향적 감정형)라서 에너지가 사람을 향해 흐른다. ST와 같이 일에 대한 책임감보다는 SF라는 사람에 대한 책임감이 크기 때문에 사람들과 협조가 잘되고 성실하며 온화하다. 그러나 자신보다 공동체를 더욱 중요하게 여기고 소속감이 강해서 자신의 주장이나 명령을 할 수 있는 용기가 필요하다.

에니어그램에서는 6번 유형이 ISFJ 유형과 많이 닮아 있다. 6번 유형은 위험스러운 상황에 대한 공포가 있어서 내면에 안정을 찾고 싶은 욕망이 강하다. 그래서 자신이 혼자 위기 상황을 해결하려 하기보다 주변에 자신이 의지하는 사람이나 조직에 의존하는 모습이 있다. ISFJ 유형처럼 에니어그램 6번 유형도 사람이나 조직에 대한 의존심을 내려놓고 용감하게 주장할 필요가 있다.

ISTP, INTJ, INTP 유형과 에니어그램 5번 유형

ISTP 유형은 사물을 섬세하게 관찰하고 분석하는 사람이며, INTJ 유형은 미래를 예견하기 위해 지식을 깊이 탐구하는 사람이고, INTP 유형은 머릿속에 아이디어를 계속해서 떠올리는 사람들이다. ISTP, INTJ, INTP 유형들은 주기능 Ti(내향적 사고), 부기능 Te(외향적 사고)를 사용하기 때문에 에너지가 사고에 집중되어 있다. 계속 관찰하고 분석하며 탐구하고 사색하는 기술자, 과학자, 철학자로서 매우 이성적이고 논리적이다. 그러나 이 세 유형 모두 타인에 대한 감정을 공감하기 어려워하고 인간미가 부족하며 인간관계에 서툴러 사회성과 사교성이 떨어진다.

에니어그램에서는 5번 유형이 이 세 유형과 많이 닮아 있다. 5번 유형은 무능함에 대한 공포가 있어 내면에 지식이라는 무기를 채워 유능해지려는 욕망이 강하다. 지식이라는 만물 상자에 갇혀 쉽게 자신의 마음을 열지 못하고 사람에게 친근하게 다가서지 못하며 인간관계에 냉담한 태도가 있다. ISTP, INTJ, INTP 유형처럼 에니어그램 5번 유형도 지식이 전부라는 생각을 내려놓고 사람에게 다가서는 실제적인 삶을 살아갈 필요가 있다.

ISFP, INFJ 유형과 에니어그램 4번 유형

ISFP 유형은 따뜻한 인간애와 감수성이 예민한 사람이며, INFJ 유형은 내면이 복잡하여 속을 알기 어렵지만, 타인의 마음을 잘 읽어 내며 공감하는 사람들이다. ISFP, INFJ 유형들은 주기능 Fi(내향적 감정), 부기능 Fe(외향적 감정)를 사용하기 때문에 에너지가 내면의 감정 세계에 집중되어 있다. 감정에 대한 애착과 내면에 대한 성찰로 타인의 상처를 공감하며 매우 인간애가 넘치는 사람들이다. 그러나 이 두 유형 모두 바깥의 현실보다 내면의 현실이 더 크고 감정에 예민하기 때문에 마음을 다스리기 어렵다.

에니어그램에서는 4번 유형이 이 두 유형과 많이 닮아 있다. 4번 유형은 정체성이 없는 것에 대한 공포가 있어 자신이 남보다 특별해지고자 하는 욕망이 강하다. 그래서 평소 복잡한 내면세계를 파고들어 쉽게 우울해지고 독특한 자기만의 감수성과 감정의 기복으로 기분 변화가 심하다. ISFP, INFJ 유형처럼 에니어그램 4번 유형도 복잡한 자신의 감정과 내면세계에서 빠져나와 마음과 감정을 잘 다스려 평안을 찾을 필요가 있다.

INFP 유형과 에니어그램 9번 유형

INFP 유형은 매우 이상적이며 자신의 이상적인 목표를 이루기 위해 매우 열정적인 사람들이다. 주기능을 Fi(내향적 감정형)로 사용하기 때문에 에너지가 기본적으로 사람을 향해 있다. 이해심이 많으며 관대하고 이상이 크기 때문에 모든 사람을 만족시키려는 이상적인 사회를 꿈꾸는 경향이 있다. 그러나 자신의 높은 이상 때문에 물리적인 세상과 연결되지 못하고 내적 신념이 너무도 확고해서 물러나지 않으려는 고집스러움이 있다.

에니어그램에서는 9번 유형이 INFP 유형과 많이 닮아 있다. 9번 유형은 타인과 연결되지 못하는 것에 대한 공포심이 있어서 모든 사람과 연결되고자 하는 평화에 대한 욕망이 있다. 평화를 실현하려는 자신의 높은 이상 때문에 고집을 피우며 지금 당장 해결해야 할 일에 게을러지고 무책임해지는 버릇이 있다. INFP 유형처럼 에니어그램 9번 유형도 자신의 높은 이상에서 조금 물러나 지금 바로 해결해야 할 일들에 최선을 다하는 행동이 필요하다. (※ 화합을 중요시하는 측면에서 볼 때 ENFJ도 에니어그램 9번 유형과 비슷하다.)

ESTP, ESTJ 유형과 에니어그램 3번 유형

ESTP 유형은 오감이 발달하여 왕성한 활동력을 가진 사람이며, ESTJ 유형은 조직의 목표와 계획을 실행으로 옮기고 일을 성공적으로 마무리하는 탁월한 행정 능력을 가진 사람들이다. ESTP, ESTJ 유형은 주기능 Se(외향적 감각형), 부기능 Si(내향적 감각형)을 사용하기 때문에 에너지가 현실성과 실용성에 집중되어 있다. 현실감각이 뛰어나 현장감이 있고 실생활의 경험이 풍부하며, 조직에서 생산적인 결과를 끊임없이 만들고 성과를 내는 탁월한 기업가들이다. 그러나 이 두 유형 모두 물질에 대한 지나친 소유욕으로 내면의 가치를 무시하는 경향이 있으며, 너무 일에 대한 경쟁과 성과만 앞세워 다른 사람의 감정을 고려하지 않아 비인간적인 모습을 보일 때가 있다.

에니어그램에서는 3번 유형이 이 두 유형과 많이 닮아 있다. 3번 유형은 자신이 가치 없는 존재가 될까 두려워 성공하기 위해 물불을 가리지 않는 면이 있다. 어떡해서든 남을 밟고 성공해야겠다는 야망으로 자신을 기만하며 결과적인 성취를 앞세워 과정을 무시하는 버릇이 있다. ESTP, ESTJ 유형처럼 에니어그램 3번 유형도 물질에 대한 소유욕과 성공에 대한 야망을 내려놓고 진정성을 가지고 사람을 대하는 따뜻한 인간미가 필요하다.

ESFP, ESFJ 유형과 에니어그램 2번 유형

ESFP 유형은 인간적인 매력이 넘치고 사교적인 성향이 강한 사람이며, ESFJ 유형은 봉사정신이 강해서 타인에게 자신을 퍼 주고 희생하는 사람들이다. ESFJ, ESFP 유형들은 주기능 Fe(외향적 감정형), 부기능 Fi(내향적 감정형)를 사용하기 때문에 에너지가 사람을 좋아하고 돕는 일에 충실하다. 항상 친절하고 낙천적이라 주변 사람에게 인기를 끌며 동료애가 넘치고 사랑이 많아서 타인을 위해 기꺼이 헌신하려 한다. 그러나 이 두 유형 모두 지나친 친절과 호의로 상대에게 괜한 바람을 주거나 타인은 기대하지도 않는데 지나친 오지랖으로 사생활에 관여하는 일이 있다.

에니어그램에서는 2번 유형이 이 두 유형과 많이 닮아 있다. 2번 유형은 자신이 사랑받지 못할까 두려워 누구에게든 자신이 필요한 존재가 되고자 하는 욕망이 있다. 타인의 사랑에 목말라 남의 필요를 채워주기 위해 애쓰기 때문에 정작 자신의 필요에는 둔감하고 자신을 돌보는 데에는 인색하다. ESFP, ESFJ 유형처럼 에니어그램 2번 유형도 타인을 향한 지나친 관심과 친절에서 조금 물러나 자신을 돌아보고 사랑을 베풀되 사심 없이 할 필요가 있다.

ENFP, ENTP, ENFJ 유형과 에니어그램 7번 유형

ENFP 유형은 사람들과 열정적인 관계를 만들어 가는 사람이며, ENTP 유형은 새로운 일에 계속 모험과 도전을 시도하는 사람이고, ENFJ 유형은 탁월한 언변으로 타인을 설득하며 동기부여를 하는 사람들이다. ENFP, ENTP, ENFJ 유형은 주기능 Ne(외향적 직관), 부기능 Ni(내향적 직관)를 사용하기 때문에 에너지가 과거에 있지 않고 미래세계에 집중되어 있다. 새로운 관계, 새로운 모험, 새로운 미래를 향해 열정적으로 살아가기 때문에 이들과 함께 있으면 늘 희망적이고 활력이 넘친다. 그러나 이 세 유형 모두 현재에 관심을 두기보다 미래에 마음을 두고 있어서 일상적인 삶에는 소홀할 수 있으며 말과 행동이 먼저 앞서다 보니 가볍게 일을 저지르는 경향이 있다.

에니어그램에서는 7번 유형이 이 세 유형과 많이 닮아 있다. 7번 유형은 박탈, 고통, 불행에 대한 공포심이 있어 즐거움과 재미를 얻고자 하는 욕망이 강하다. 재미가 없거나 지루함을 견디지 못하기 때문에 날마다 새로운 관계, 새로운 모험을 시도하며 즐거움만 탐닉하는 몸은 어른이지만 철이 없는 아이처럼 살아간다. ENFP, ENTP, ENFJ 유형처럼 에니어그램 7번 유형도 가볍고 충동적인 자신의 유아적인 태도에서 벗어나 진지한 태도와 인내심을 길러 매일의 삶에 최선을 다해 열매를 맺을 필요가 있다.

ENTJ 유형과 에니어그램 8번 유형

ENTJ 유형은 마초 성향으로 지도자 기질을 타고난 사람들이다. 주기능을 Te(외향적 사고형)로 사용하기 때문에 에너지가 밖으로 향해 있고 논리적 사고를 통해 적극적인 문제 해결을 시도한다. 주도적이며 진취적인 사람이라서 장애가 있더라도 일을 과감히 추진하고 밀어붙이는 경향이 있어 남에게 끌려가기보다 앞에서 주도하며 이끌어가는 타고난 보스형 인간이다. 그러나 자신의 주장이 너무 강해 타인의 말을 잘 듣지 않고 자신의 방식을 고집하면서 타인의 감정에 무감각하여 너그럽지 못한 모습이 있다.

에니어그램에서는 8번 유형이 ENTJ 유형과 많이 닮아 있다. 8번 유형은 힘이 없어 남에게 통제받는 존재가 되는 것이 두려워 강해지고자 하는 욕망이 있다. 지배권을 잃지 않으려고 자신의 권위와 영향력을 앞세워 힘을 과시하며 타인을 조종하고 위협하는 버릇이 있다. ENTJ 유형처럼 에니어그램 8번 유형도 지나친 권위의식에서 물러나 자신의 힘을 남용하지 말고 타인에게 관대하며 너그러워질 필요가 있다.

MBTI		에니어그램 유형	
ISTJ	• 내향인, 감각형(주Si), 열등기능 Ne • 양심적이고 성실하며 꼼꼼한 사람, 세상에서 꼭 필요한 사람 • 경직되어 있고 유연성이 부족	1번 유형	• 사악, 부도덕, 결함, 불완전에 대한 공포로 완벽을 추구하는 사람 • 도덕, 양심, 윤리, 모범, 성실, 책임, 원리원칙 중시 • 작은 실수나 불완전한 상황에 분노하지 않는 침착과 융통성이 필요
ISFJ	• 내향인, 감각형(주Si), 열등기능 Ne • 용감하게 공동체를 지키는 사람, 용감한 수호자 • 주장하고 명령할 수 있는 용기 필요, 거시적인 안목 필요	6번 유형	• 보호 · 안내받지 못하는 것에 대한 공포로 안전을 추구하는 사람 • 믿음, 신용, 안전, 안정, 협력, 헌신을 중시 • 스스로 결단하며 혼자서도 일을 추진하는 참된 용기가 필요
ISTP	• 내향인, 사고형(주Ti), 열등기능 Fe • 차분한 방관자로 관찰하고 분석하는 사람, 만능 재주꾼, 기술자, 장인 • 타인의 감정을 이해하는 데 미숙, 자기개방에 어려움 겪음	5번 유형	• 쓸모없고 무능한 존재에 대한 공포로 유능함을 추구하는 사람 • 지식, 탐구, 관찰, 분석, 논리, 통찰과 깨달음 중시 • 지식에 대한 애착을 내려놓고 타인과 적극적으로 교류하는 것이 필요
INTJ	• 내향인, 직관형(주Ni), 열등기능 Se • 독자적인 신념이 있으며 지적인 사람, 용의주도한 전략가 • 인간관계에 냉담하고 고립 선택, 인간미가 부족, 사람에 대한 공감이 부족		
INTP	• 내향인, 사고형(주Ti), 열등기능 Fe • 머리가 가장 좋은 수재, 생각이 많은 사람, 논리적인 사색가 • 주변 사람과 어울리는 모습 필요, 사회성, 친화 능력이 떨어짐		

	MBTI		에니어그램 유형
ISFP	• 내향인, 감정형(주Fi), 열등기능 Te • 따뜻한 감수성을 가진 사람, 호기심 많은 예술가, 인간애가 넘치는 사람 • 타인에게 상처를 잘 받고 상처를 받으면 회복하기 어려움	4번 유형	• 자기 자신, 정체성이 없는 존재에 대한 공포로 특별함을 추구하는 사람 • 감수성, 정체성, 독특함, 개성, 창의성을 중시 • 감정을 조절하고 다스려 마음의 평안함과 정서적 균형을 가질 필요
INFJ	• 내향인, 직관형(주Ni), 열등기능 Se • 복잡한 심리상태를 잘 읽어 내는 사람, 타고난 상담가, 정신적 스승 • 지나치게 내적세계만을 추구하여 현실감각이 떨어짐		
INFP (ENFJ)	• 내향인, 감정형(주Fi), 열등기능 Te • 이상향이 크고 많은 사람을 만족시키려는 사람, 문학소년·소녀형 • 자신의 높은 이상을 물리적 요소로 만들어 가는 노력이 필요	9번 유형	• 타인과의 분리, 연결이 되지 못함에 대한 공포로 평화를 추구하는 사람 • 조화, 상생, 통합, 포용, 일치, 소통을 중시 • 지나친 이상으로 게으름에 빠지지 말고 실천하는 행동이 필요 (※ 화합을 중요시하는 측면에서 ENFJ도 여기에 해당될 수 있다)

MBTI			에니어그램 유형
ESTP	• 외향인, 감각형(주Se), 열등기능 Ni • 오감이 발달한 사람, 강한 현실감각과 실용적인 특징이 강한 사람 • 물질에 대한 소유욕을 내려놓고 삶의 가치와 철학을 세울 필요	3번 유형	• 타고난 재능·가치 없는 존재에 대한 공포로 가치·성공을 추구하는 사람 • 성취, 목표, 결과, 능력과 효율성을 중시 • 결과적인 성취보다 과정의 정직함과 내면의 가치를 개발할 필요
ESTJ	• 외향인, 사고형(주Te), 열등기능 Fi • 체계적으로 사업체와 조직을 이끌어가는 사람, 결과가 계속 나오는 사람 • 인간중심의 가치관으로 타인의 감정을 충분히 고려하는 노력 필요		
ESFP	• 외향인, 감각형(Se), 열등기능 Ni • 인간적인 매력이 넘치고 사람들이 좋아하는 유형, 연예인 기질 • 지나친 친절로 상대방에게 헛바람을 넣지 않을 필요	2번 유형	• 사랑받지 못하는 존재가 되는 것에 대한 공포로 봉사를 추구하는 사람 • 도움, 베풂, 친절, 나눔, 이타적 사랑을 중시 • 사랑을 베풂에 있어 남의 인정을 바라지 않는 사심 없는 봉사가 필요
ESFJ	• 외향인, 감정형(Fe), 열등기능 Ti • 자신을 퍼주고 희생하는 사람, 동료애가 많은 사람, 사교적 외교관, 습관적인 봉사 • 자신의 호의가 상대에게 필요한 것인지 따져 볼 필요		

	MBTI		에니어그램 유형
ENFP	• 외향인, 직관형(주Ne), 열등기능 Si • 불꽃 튀기는 열정을 가진 사람, 열정적인 관계를 만드는 액티브한 사람 • 기복적인 충동과 감정을 조절할 필요, 한 번에 한 가지 일을 할 필요	7번 유형	• 박탈, 불행, 고통스러운 존재에 대한 공포로 즐거움을 추구하는 사람 • 재미, 놀이, 행복, 새로운 경험, 모험, 자율성 중시 • 자신이 좋아하는 일에만 탐닉하지 말고 고통을 견디며 인내할 필요
ENTP	• 외향인, 직관형(주Ne), 열등기능 Si • 새로운 것에 계속 도전하는 사람, 전형적인 탐험가 유형, • 현재를 살고 일상의 행복을 충분히 만끽할 필요		
ENFJ	• 외향인, 감정형(주Fe), 열등기능 Ti • 말을 너무나 잘하는 명연설가, 말로 타인을 성장시키는 사람, • 사람들의 관계에 좀 더 신중하고 객관적인 시각을 가질 필요		
ENTJ	• 외향인, 사고형(주Te), 열등기능 Fi • 천성적으로 타고난 리더, 존재만으로 존경을 불러일으키는 사람, 타인의 욕구와 감정에 무감각, • 너그러운 사람이 되기 위해 노력할 필요	8번 유형	• 힘을 잃는 것, 통제에 대한 공포로 힘(강함)을 추구하는 사람 • 자신의 위치, 영향력, 지배권, 권력, 주도성을 중시 • 자신의 힘을 남용하지 말고 본능에 충실한 사람이 되지 않도록 노력할 필요

타고난 성격을 성공 스펙으로 만드는 법

세 번째로 독자들과 나누고 싶은 주제는 '타고난 성격을 성공 스펙으로 만드는 법'이다. 좀 더 직접적으로 말한다면 성격을 돈이 되게 만드는 방법이라고 할 수 있겠다. 혹 어떤 이들은 이 말을 듣고 '뭐? 성격이 돈이 된다구? 무슨 성격으로 돈을 벌어?'라고 반문할지도 모른다. 그러나 필자가 연구한 바에 의하면 성격을 제대로 다룰 수 있고 활용할 줄 아는 이들이 돈을 벌었고 성공과 행복을 거머쥐게 된다. 그래서 본 주제에서는 어떻게 성격을 관리하고 발전시키면 성격으로 돈, 성공, 행복을 얻을 수 있는지 그 방법을 소개하고자 한다.

1. 성격으로 흥하고 성격으로 망한다

한 사람의 성격은 그 사람의 인생을 성공으로 이끌어 주기도 하지만 실패와 좌절로 인도하기도 한다. 필자는 '성격 심리 전문가'로서 유명인물들에 대해 그 성격을 분석하는 취미를 가지고 있다. 뉴스와 드라마, 영화, 인터넷, 유튜브, 넷플릭스 등 우리가 일상에서 접하는 대중매체 안에서 흔히 볼 수 있는 사람들은 바로 '유명인물'이다. 유재석(ISFP), 박진영(ENFJ), 싸이(ENFP), 조승우(INFP), 아이유(INFP), 기안84(INTP), 문재인(ESFJ), 안철수(INTP) 등은 국내에서 대중에게 잘 알려진 사람들이다.

이 중 가장 국내에서 많은 사람의 지지를 얻고 있는 인물은 대통령도 아닌 단연 '유재석' 씨가 아닐까 한다. 개그맨으로 시작하여 현재 방송 경력만 30년 차로 지금까지 대상만 16번 수상했다. 올해 나이 51세로 인기가 없어질 만도 한데 아직도 그 인기가 식을 줄을 모른다. 이렇게 유재석 씨가 꾸준한 인기, 방송에서 장수하는 비결이 뭐라고 생각하는가? 필자는 바로 '성격 관리'라고 생각한다. 유재석 씨는 성격만 있는 사람이 아니라, 성격을 '관리'하는 사람이다. 성격은 누구나 가지고 있지만 아무도 그 성격을 관리하려고 애쓰지 않는다. 이 말은 사람들이 오히려 타고난 대로 살아가는 것, 성격대로 사는 것이 자기답다고 믿고 있기 때문이다. 그러

〈유명인들의 MBTI〉

나 나는 말한다. 타고난 성격대로 사는 것이 다가 아니라 그 성격을 어떻게 관리하고 발전시켜 갈지를 알아야만 성공할 수 있다.

그러나 지금의 유재석 씨가 처음부터 그랬을까? 필자가 관찰해본 결과, 유재석 씨는 겁이 많고 소심해서 뭔가 일을 저지르기를 두려워하는 에니어그램 6번 유형에 해당한다. 그런데 유재석 씨는 자신의 무명시절 초심을 잃지 않고 재능이 있어도 빛을 발하지 못하는 후배들을 세상에 알리고, 자신보다는 옆에서 함께 하는 동료 연예인들이 더 성장할 수 있도록 지원하는 에니어그램 9번 유형의 대인배 같은 모습을 보이는 듯하다.

또 MBTI에서 ISFP 유형들은 '호기심 많은 예술가' 유형으로 알려져 있다. 유재석 씨가 오랜 시간 〈무한도전〉에서 동료 멤버들과 함께 하면서 개인의 역량을 충분히 발휘하지 못했던 아쉬움은 〈놀면 뭐하니〉라는 프로그램을 통해 충분히 증명되었다. '유산슬, 지미유, 유야호' 등 그가 시청자들에게 보여 준 새로운 도전들은 유재석이란 사람에게 불가능이 무엇인가란 의문마저 들도록 자신의 한계를 넘어서는 충분한 역량을 보여 주었다고 생각한다.

필자는 유재석 씨의 과거와 현재를 보면서 인간이 자신의 성격 유형 안에 갇혀 있을 때보다 자신의 성격을 넘어서는 새로운 도전과 가능성을 향해 나아갈 때 비로소 '자기실현'이 가능해진다는 생각을 하게 되었다. '나다움' 혹은 '자기다움'이라는 것을 핑계로 남을 배려할 줄 모르고 혼자 질주하는 것은 성격을 핑계로 자기애에 취해 있는 나르시시즘의 모습일 것이다. 그런 사람이 될수록 정체되어 성장하지 못하는 경우가 많다. 흔히 '고인 물은 썩기 마련이다'라는 말이 있다. 인간의 가능성은 실로 무한하다. 자신의 성격에 갇혀 그 성격만을 고집하며 살기보다 자신이 사용하지 않았던 자신의 잠재적 능력이 무엇인지 관찰해 보라. 성격이 당신을 망치지 않도록 당신의 성격을 관리하라.

2. 성격을 관리하는 법

필자는 오랜 시간 성격에 대한 연구와 더불어 성격을 관리하고 발전시키는 부분에 관해 연구해 왔다. 그리고 필자가 얻은 결론은 성격은 '바뀐다'가 아니라 '확장된다'는 개념이었다. 성격에 대한 분석 혹은 상담을 하다 보면 많은 사람이 '성격을 바꾸고 싶다'라든지 '마음에 들지 않는다'는 이야기를 한다. 그러나 결론부터 말하자면 성격은 바꿀 수 있는 것이 아니다. 바꿀 수 없다? 만약 바꾼다면 그것은 '가면(persona)'이 된다. 그렇다면 왜 바꿀 수 없는가? 성격은 마음 안에 내재된 'DNA'와 같다. 당신은 당신의 혈액형을 바꾸고 싶다고 해서 바꿀 수 있는가? 마찬가지로 성격역시 내 맘대로 바꿀 수 있는 것이 아니다. 오히려 성격을 잘 관리해서 적절하게 사용할 수 있어야 한다. 그런데 많은 사람이 성격은 내 맘대로 되지 않는다. 내 속에 내가 너무도 많다. 나도 아직 나를 잘 모른다는 여러 이유를 대며 성격이 자신을 지배하도록 내버려 두고 있다. 그리고 자신의 가장 자기다운 모습이 성격대로 사는 모습이라고 착각하고들 있다.

하지만 필자는 강조한다. 성격을 절대 그대로 내버려 두지 마라. 성격이 당신을 지배하고 당신을 이끌어가도록 방관하지 마라. 성격은 관리해야 한다. 그렇게 되려면 첫째 당신은 더 이상 '성격은 내가 아니다'라는 믿음이 필요하다. 자신과 성격을 동일시하지 않는 자각이 필요하다. 예를 들어 보자. 우리에게는 신체가 있다. 몸이 있다. 또 감정도 있고 이성도 있다. 당신은 신체, 감정, 사고 자체인가 아니면 신체와 사고, 감정을 사용하는 주체인가? 당신은 고통을 느끼고 있는 자신을 그대로 자각하는가 아니면 고통을 느끼면서도 고통을 이겨내려 하는 주인인가? 우리는 인생을 살면서 많은 것들과 동일시하는 습관이 있다. 그것은 때로 어떤 특정한 욕망이 될 수도 있고 사람이 될 수도 있으며 돈, 명예 기타 등등이 될 수 있다. 성격을 관리하는 것은 그런 '집착'을 멀리하려는 습관이다. 성격뿐만 아니라 자신이 집착하고 있는 모든 것에서 벗어나라. 자기(Self)라는 것은 동일시된 대상으로부터의 노예가 아닌 성격을 통제하는 주인이다. 당신이 어떤 성격을 갖고 있든지 그것은 중요하지 않다. 오직 당신이 그 성격에 동일시되어 성격을 무기로 타인을 괴롭히고 있는지, 아니면 그 성격을 적절히 통제하며 타인을 배려하고 있는지가 중요하다. 성격을 관리한다는 것은 자신의 성격에 주인으로 사는 것이다.

둘째 성격을 발전시켜야 한다. 다시 말해 성격은 확장된다. 앞에서 우리는 성격이 발달한다는 측면을 이해한 바 있다. 나이가 자라면 철이 들고 어른이 되듯이 성격도 미숙한 상태가 있고 점점 성숙해지며 완숙해지는 상태가 있다. '사람은 고쳐서 쓰는 게 아니다'라는 말이 있다. 그 말이 옳다. 사람은 고쳐서 쓰는 게 아니라 부족한 면을 보완해서 써야 한다. 세상에 완벽한 사람은 없다. 완벽하게 태어난 사람도 없을 뿐더러 완벽해져서 죽는 사람도 없다. "세상에 완벽한 남자 완벽한 여자는 없다. 모자란 남자와 모자란 여자가 만들어 가는 완벽한 사랑만이 있을 뿐이다"라는 어느 드라마의 대사처럼 세상에 완벽한 성격을 가진 사람은 없다. 성격을 발전시키려면 어떻게 해야 할까? 먼저 자신의 성격에 긍정적인 부분을 찾아야 한다. 그리고 그 강점을 충분히 키워야 한다. 그런 다음 자신의 단점을 보완해야 한다.

여기에서는 의식적 노력이 필요하다. 필자가 보기에는 대부분 여러 책에서 '강점으로 승부하라', '강점 혁명' 등 '강점'에 대해 강조하는 책들은 많이 있지만, 단점이나 약점에 대해 해결책을 제시하는 책들은 많지가 않아 보인다. 서구 문화의 특징은 상대에게 긍정적인 말을 하기 좋아하고 듣기 싫은 조언이나 피드백은 무시하는 경향이 있다. 그러나 타인의 지나친 칭찬이나 자기애가 오히려 자기에게 아첨과 독이 될 수 있다. 당신이 진정으로 성공하고 싶고 행복해지고 싶다면 그 누구보다 자신에게 냉철해져야 한다. 자신의 모습을 진정으로 사랑한다면 반대로 자신을 모습을 미워할 수 있는 용기도 필요하다. 자신의 강점을 인정하듯, 자신의 약점을 인정하고 그 약점을 보완하기 위해 마지막 힘을 다해야 한다. 그것이야말로 자신이 확장되고 발전하는 길이다.

3. 진정한 나다움

마지막으로 '진정한 나', '나다움'이란 무엇인지 이야기해 보자. 나다움, 자기다움이란 흔히 내가 타인에게 있지 않은 무언가를 가지고 있는 상태나 독특한 나만의 성향, 자기만의 스타일을 말한다. 인생에서 돈을 벌고 성공해서 행복해지려면 남에겐 없는 나만의 것이 있어야 한다. 그래서 흔히 해 보는 것이 바로 '성격검사'다. 그리고 이런 검사를 통해 자신의 성격 유형이 나오게 되면 내가 '어떤 유형이다'라는 것에 기뻐하면서 친구에게 '나는 무슨 유형인데, 너는 어떤 유형이니?'라며 공통점이나 비슷한 점을 찾으려고 애를 쓴다. 이렇게 나다움을 찾는 것은 자신이 성격 유형이나 독특성을 찾는 것으로 끝난 것일까? 필자는 여기서부터 시작이라고 생각한다. 나다움을 찾는 것은 '내가 나를 완성하는 것'이 되어야 한다. 그것이 진정한 나다움이다. 「미운 오리 새끼」라는 동화를 읽어 본 적이 있을 것이다. 어릴적 오리들 사이에서 미움을 받으며 자란 어린 백조가 나중에 성장하여 하늘을 나는 백조가 되었다는 이야기다. 이처럼 우리의 자아도 나의 성격도 완성이 되어야 한다. 그런데 내가 어떤 성격이고 어떤 유형이라는 사실을 아는 데서 그친다면 영원히 하늘을 날지 못하는 백조가 될 수도 있다.

그렇다면 나다움을 완성하는 방법은 무엇일까? 나다움을 완성하려면 내가 무엇을 잘하고 무엇을 못 하는지를 정확히 구별할 수 있어야 한다. 이 말은 한마디로 내가 어떤 사람인지를 '제대로 아는 것'이다. 제대로 아는 것은 자기를 객관적으로 이해할 수 있을 때 가능하다. 그러려면 자신의 잘난 모습과 함께 못난 모습을 수용할 수 있어야 한다. 그리고 잘난 척만 할 것이 아니라 부족한 자신의 모습을 인정하고 상대에게 도움을 청해야 한다. 예를 들어 내가 지극히 내성적이고 내향적인 사람이라고 해 보자. 내성적인 성향 탓에 사람들과 같이 있는 시간보다 혼자 있는 시간이 많고 말을 해야 할 때보다 들을 때가 더 편하다. 그런데 어느 날 외향적이고 활달한 성격을 가진 사람을 친구로 사귀게 되었다. 친구의 마음을 사려고 의도적으로 외향적인 사람이 되어 내성적인 모습을 감출 수도 있을 것이다. 하지만 시간이 지나면 본래 성격이 들통나기 마련이다. 우려했던 대로 상대방은 자신과 잘 맞지 않는다는 이유로 더는 만나려 하지 않을 것이다. 그래서 이번엔 자신과 같은 내성적인 성격을 가진 사람을 친구로 만나게 되었다. 함께 있으면 고향에 온 것처럼 편하고 너무 대화도 잘 통한다. 그런데 이상하다. 시간이 갈수록 지루함을 느끼고 나에게 느꼈던 단점이 상대에게서 보이기 시작한다. '유유상종'이란 말처럼 같이 있으면 서로 나아지거나 발전되는 일이 없음을 알게 된다. 결국엔 서로에게 싫증이 나 버려서 헤어지고 만다. 이런 일들이 바로 이성 관계에서 빈번하게 벌어지는 상황들이다. 그래서 'MBTI 성격궁합, 연애궁합' 등을 찾아보며 내 성격과 맞는 타입이 누가 있는지 인터넷으로 검색하는 사람들이 많다.

그러나 MBTI에서든 에니어그램에서든 그 어떤 성격 유형에도 자신에게 꼭 알맞은 타입, 알맞은 이성은 존재하지 않는다. 모든 성격 유형은 그 존재 자체로 아름답고 독특하며 훌륭하다. 그러나 훌륭하고 아름다운 모습이 하루아침에 완성되지는 않는다. 자신의 장점만이 아니라 단점까지도 있는 그대로 수용할 수 있어야 그것이 자신을 바로 아는 것이 된다. 또 상대가 가진 단점을 보지 말고 장점을 인정하며 그것으로부터 배움을 얻을 수 있어야 한다. 이것이 바로 진정한 '지피지기(知彼知己)'다. 나와 다른 유형을 만날 때는 서로의 독특성을 수용해 주는 노력을 통해 서로가 부족한 점을 보완해 주는 관계가 되어야 한다. 나와 같은 유형을 만날 때는 서로가 같은 점을 지지해 주면서 발전할 수 있도록 서로 응원해 주는 관계가 되어야 한다. 이것이 가능해지려면 내가 타인을 통해 성장하는 지점을 배워야 한다. 자기완성, 나다움의 완성은 내가 성장하고 나아지려고 할 때 가능하다. 자신에게 없는 것을 타인에게 배워 자신의 부족한 모습을 보완하기 위해 노력한다면 이 세상에 어떤 사람도 성장하지 못할 사람은 없다. 나만의 스타일과 나만의 성격만을 고집하기보다 부족한 점을 보완하여 자기다움을 완성하라.

MBTI와 성격심리학 이론의 비교

네 번째로 독자들과 나누고 싶은 주제는 'MBTI와 성격심리학'이다. 성격심리학이란 인간의 마음속에는 어떤 심리적 구조가 있고 어떤 심리적 과정이 진행되기에 사람마다 독특한 방식의 행동패턴 즉 성격이 나타나는지 성격의 구조와 역동을 밝혀내는 심리학의 기초 분야 중 하나이다. 앞에서도 충분히 살펴본 바와 같이 'MBTI'는 인간의 성격을 16가지 유형으로 구분하는 성격유형론이라 할 수 있다. 성격유형에 대한 이론들은 MBTI 외에도 다양하다. 따라서 우리는 MBTI가 인간의 어떤 측면에서 성격을 기술하고 있는지 심리학이라는 큰 울타리 안에서 이해할 필요가 있다. 그래야만 MBTI의 장점을 수용함과 동시에 MBTI라는 틀 안에 갇혀 인간을 MBTI 유형으로만 규정짓는 오류에서 벗어날 수 있을 것이다.

1. 성격의 정의와 결정요인

성격이란 무엇인가? 사회적 존재로서의 인간은 태어나서 숨을 거두는 순간까지 부모로 시작하여 수많은 인간관계를 맺게 된다. 유아기에는 자아중심성이 강해 자신 외에는 그 누구도 중요시하지 않다가 학령기로 접어들면서 합리적인 사고를 배우게 되고 자신의 입장뿐 아니라 타인의 입장에서 협력하고 공감하는 보다 사회적인 인간으로 성장한다. 청소년기에는 보다 고차원적인 사고가 가능해지고 세상에서 자신의 위치를 명확히 하려는 자아정체성의 확립에 집중한다. 이른바 '질풍노도(疾風怒濤)'의 시기로, 다른 사람과 구별되는 자기만의 개성과 독특성을 갖기 위해 노력한다. 유아기로 시작하여 청소년기에 완숙한 성격의 모양은 성인기 대부분의 삶을 이끌어 가고 나이가 들면서 부족한 면을 조금씩 보완해 나가지만, 그 모양새가 크게 바뀌지 않은 채로 생이 마감되는 것이 일반적이다. 이처럼 성격은 인류의 수많은 사람 중에 한 개인, 한 사람을 제대로 이해하고 알아볼 수 있는 그 사람만의 고유한 모습, 독특한 모양이라고 할 수 있다.

그렇다면 성격을 결정하는 요인, 성격의 유전자가 있다면 그 결정요인은 무엇일까? 이는 성격이 선천적으로 타고나는 것인지 아니면 후천적으로 형성되는 것인지를 규명하는 문제이다. 선천적이라 함은 인간이 태어날 때부터 가지고 나오는 이른바 생득적인 경향으로, 내향과 외향의 선호경향성을 그 예로 말할 수 있겠다. 반면 후천적이라 함은 사회문화적 영향 속에서 형성되는 그 사람만의 독특한 인지적, 정서적, 행동적 측면에서의 행동패턴을 이야기할 수 있다. 간혹 심리검사 혹은 성격검사를 통해 내담자의 성격을 평가하고자 할 때 검사 결과가 서로 불일치한 경우가 종종 있는데, 이는 성격이 매우 복잡한 구조로 이루어져 있어서 어떤 측면과 구조에서 바라보느냐에 따라 같은 행동도 다르게 설명될 수 있기 때문이다.

　따라서 우리는 인간의 성격을 논할 때 그 어떤 특정한 이론도 배척하거
나 도외시해서는 안 되며 이를 모두 적절히 통합하여 인간 이해의 절충적
요인으로 사용할 수 있는 건강한 안목이 필요하다.

2. 성격심리학의 다양한 이론들

　이번에는 성격심리학에서 다루는 다양한 이론들 즉 성격의 다양한 관
점들에 대해 살펴보자. 성격에 대한 연구는 심리학이 발전해 온 이래 학
자마다 정의하고자 했던 핵심 주제이다. 책에서 상세한 내용을 전부 다룰
수는 없지만 주요 학자마다 바라본 인간의 성격은 어떤 구조로 이루어져
있고, 어떤 기능을 하는지에 대한 핵심을 이해한다면 인간의 성격이 다양
한 측면에서 이해될 수 있음을 알게 되어 좀 더 사람을 이해하는 안목이
넓어질 것으로 생각한다.

정신분석학에서의 성격 : '무의식에 지배당하는 행동'

　정신분석학은 지그문트 프로이트가 인간의 성격 구조를 최초로 체계적
으로 설명해 낸 이론으로, 이후 많은 심리학자들에게 영향을 미쳐 현재까
지도 심리학 연구에 응용되고 있는 이론이다. 프로이트는 지형학적 측면
에서 인간의 마음을 의식과 무의식, 전의식으로 구분하였다. 정신분석학
의 입장에서 인간의 성격은 '무의식에 의해 지배당하는 행동'이다. '원인
없는 행동은 없다'라는 전제하에 인간의 모든 행동이 이미 무의식에서 결

정되어 나타나는 결과임을 주장한다. 쉽게 말해 인간은 무의식에 지배당하고 있고 무의식을 어떻게 다루느냐는 성격의 변화를 결정짓는 중요한 기준이 된다. 그런데 문제는 무의식 안에 있는 내용이 대부분 비합리적인 욕망과, 의식에서 수용되기 어려운 억압된 충동이라는 사실이다. 이를 건강하게 해소하려면 무의식의 욕망을 해결해 줄 수 있는 대안이 필요했다. 프로이트는 인간이 무의식에 사로잡혀 야생마처럼 날뛰는 모습을 바로잡아 줄 수 있는 대안으로 '성격의 삼원 구조론'을 발표하게 된다. 이는 '원초아, 자아, 초자아'라는 세 가지 구조 안에서 무의식에서 활동하는 원초아의 충동과 초자아의 도덕적 요구를 현실에서 적합한 수준으로 중재하여 조절하는 자아의 기능을 강조하는 이론이다.

프로이트는 성격을 건강하게 다루기 위해 자아의 역할을 강조했다. 다시 말해 무의식의 성적 충동과 쾌락의 욕구를 참지 못해 범죄를 저지를 수 있는 원초아의 도발에 기능함으로써 무의식에 휘둘리지 않게 하고, 지나치게 본능적인 원초아와 지나치게 이상적인 초자아의 갈등에서 현실의 요구를 잘 조화시켜 균형을 이루게 하는 것이 자아의 역할임을 강조했다. 나도 모르게 불쑥불쑥 튀어나오는 성격의 신경질적인 모습을 자아라는 조정자를 통해 현실에 바람직한 모습으로 대체하는 것이다. 따라서 프로이트가 주장한 성격의 핵심은 원초아가 머무는 곳에 자아가 있게 함으로써 성격의 갈등을 해결하고 균형을 이루는 것이라 하겠다.

분석심리학에서의 성격 : '무의식을 실현하는 행동'

분석심리학은 한때 프로이트의 후계자라고 불릴 만큼 프로이트와 단짝으로 활약했던 칼 융의 이론이다. 분석심리학의 입장에서 바라본 인간의 성격은 '무의식을 실현하는 행동'이다. 융은 초기에 프로이트와 무의식을 중심으로 인간의 행동이 통제된다는 것에 결을 같이 했지만, 프로이트가 인간을 지나치게 성적충동을 이기지 못하는 생물학적 존재라는 점을 강조하는 것에 회의를 느껴 결별하게 되었다. 융과 프로이트의 가장 큰 차이점은 '무의식의 역할'이었다. 프로이트는 무의식이 인간의 욕망을 부추겨 충동에 의해 끌려가게 하는 다소 부정적인 역할로 보았으나, 융은 무의식의 욕구를 비합리적 욕망에 국한하지 않고 진정한 자기 발현으로 이끄는 지혜의 보고라고 역설하며 긍정적으로 바라보았다. 다시 말해 무의식의 욕망을 무조건 비난할 것이 아니라 무의식의 다양한 소리(개인/집단무의식, 콤플렉스, 그림자, 페르소나, 아니마/아니무스 등)에 귀 기울여 그것을 자신의 인격으로 수용하고 무의식을 제대로 기능하게 한다면 정신세계의 분열을 막고 전체성을 회복할 수 있다는 것이다. 프로이트가 무의식의 욕망을 자아의 기능으로 조절하고자 했다면, 융은 무의식과 의식이라는 분열된 마음을 정신이라는 전체적인 구조 안에서 통합하고자 하였다. 얼핏 보면 프로이트의 이론과 별반 차이가 없어 보이지만 무의식의 충동을 자아로 제어하고자 했던 프로이트의 입장과 달리 무의식의 세계를 전체적인 성격으로 통합해야 한다는 주장은 성격의 미숙한 측면까지도 자신의 인격으로 수용하여 긍정적으로 활용하고자 했던 융의 위대한 학문적 결실이었다.

융은 성격의 갈등 속에서 기능하는 자아의 한계를 넘어 성격 전체를 아우르면서 무의식과 의식을 통합하는 자기(self)의 역할을 강조하였다. 자기(self)는 성격의 전체이면서 중심이 된다. 자기(self)의 역할은 성격을 통합하는 것이며, 성격의 어떤 모습이든 이를 하나의 전체로 수용하고 정신이라는 큰 테두리 안에 각각의 위치에서 제대로 기능하게 하는 것이다. 이를 위해 융은 자기분화의 중요성을 강조했다. 자기분화란 성격의 부분 부분들이 고루 발달하여 각각의 기능을 충분히 발휘하는 것이다. 이를 '개별화, 개성화 과정'이라 하며 융은 이런 개별화 과정은 인생의 어느 한 시기에 완성되는 것이 아닌, 태어나서 죽을 때까지 이루어지는 과정임을 주장하였다. 분화 과정에서 상실했던 자신의 성격을 되찾고 기능을 회복하는 것이 개별화의 완성이며, MBTI에서 그 답을 얻을 수 있다.

개인심리학에서의 성격 : '열등감 극복을 위한 행동'

개인심리학은 프로이트, 융과 같이 정신분석학파에서 활동하다가 자기만의 독창적인 이론을 펼친 알프레드 아들러의 이론이다. 아들러의 입장에서 바라본 인간의 성격은 '열등감 극복을 위한 행동'이다. 아들러는 어린 시절 자신이 경험한 열등감 극복의 시나리오를 통해 인간은 태어날 때부터 열등감을 극복하고 우월성을 추구하는 선천적이고 기본적인 동기를 가진 존재임을 주장하였다. 아들러의 이론에 의하면 인간은 모두 어린 시절 경험한 열등감 속에서 인생의 가상 목표를 형성하게 되는데, 이는 '마치 ~처럼' 되고자 하는 마음의 허구적 이상을 품게 하여 우월성과 완전성으로 이끄는 동기가 된다고 하였다. 다시 말해 열등감을 극복하고자 하는 신념은 삶의 목표가 되고, 그 목표는 독특한 자기만의 생활양식과 행동패턴을 만들어 성격을 형성하게 된다는 것이다.

아들러가 제창한 성격의 모습은 개인이 어쩔 수 없는 유전적인 요인과 환경적인 요소에 영향을 받을 수는 있지만 그 경험을 자기만의 주관적인 방식으로 해석하여 창조적인 힘을 발휘할 때 나타나는 행동이다. 아들러는 성격의 구조에 대해 특별한 이론을 제시하진 않았으나 인간의 성격은 모두 '열등감 극복'이라는 목적 아래 자신의 신념, 감정, 행동이 최종 목표 성취를 향해 나아간다고 하였다. 즉 성격은 분리된 성질이 아닌 통합된 성질로서 이루어진 것으로, 이를 '개인 분리 불가능성'의 성격이론이라 일컬었다.

아들러는 성격의 패턴에서 특히 생활양식을 강조했는데, 성격의 특성을 어린 시절 출생순서와 가족구도에 따라 책임감이 강하고 가정적인 첫째 아이, 경쟁적 성향을 보이는 둘째 아이, 자기 확신이 없고 무기력한 중간 아이, 과잉보호 속에 의존적이며 자기중심적으로 자란 막내 아이, 높은 성취욕과 무대 체질의 외동 아이 등으로 구분하였다. 또한 프로이트가 인간을 생물학적이고 본능에 의해 끌려가는 존재로 본 반면, 아들러는 인간을 사회적 관계 속에서 목표와 가치를 추구하는 존재로서 공동체 의식과 사회적 관심이 높은 존재로 보았다.

행동주의 심리학에서의 성격 : '환경적 학습에 의한 행동'

행동주의 심리학은 정신분석이 주를 이루고 있던 심리학계에서 정신분석이론의 비과학성을 맹렬히 비판하며 나온 이론이다. 앞에서 보았던 정신분석학에서는 성격을 내면적인 심리적 구조나 역동으로 설명하여 객관적 관찰이 불가능하다고 보았지만, 행동주의 심리학에서는 철저한 실증적 과학주의에 근거하여 인간의 개인차를 관찰과 측정이 가능한 외현적 행동으로 바라보고 있다. 이와 함께 인간은 태어날 때 '빈 서판' 혹은 '백지 상태'로 태어난다는 가정하에 인간의 모든 행동이 환경과의 상호작용 속에서 후천적으로 학습된 것으로 간주하고 있다. 행동심리학에서 개인의 특성은 내면적 특성보다 다양한 상황 속에 반복되어 나타나는 독특한 행동패턴으로 분석되며 인간의 행동은 모두 '학습'된 것으로 본다.

이러한 학습에 의해 조건화된 행동이 만들어진다는 행동주의 이론은 러시아의 생리학자 이반 파블로프의 '개가 먹이를 보지 않고 종소리만 듣고도 침을 흘리게 된다'라는 고전적 행동 실험으로 시작하여 스키너에 의해 '행동을 증가시키는 강화와 행동을 감소시키는 처벌'의 조작적 행동 실험으로 이어졌고, '타인의 행동을 보기만 하여도 학습이 된다'라는 반두라의 사회적 학습이론으로 발전하였다. 특히 스키너는 직접적으로 관찰될 수 있는 행동만을 연구하여 성격을 환경의 요인에 대한 반응으로 충분히 이해될 수 있다는 점을 강조하면서 성격을 하나의 '행동패턴의 집합'으로 정의하였다.

행동주의 심리학에서는 인간의 성격 곧 그 행동을 크게 적응적 행동과 부적응적 행동으로 나누고 있다. 잘못된 학습으로 인해 형성된 문제행동(부적응적 행동)을 제거하고 적응적 행동을 학습시켜 행동변화를 추구하는 것이 행동주의가 지향하는 목표라 할 수 있다. 그러나 이러한 행동주의 심리학은 정신분석학에서 주장한 인간을 무의식에 휘둘리는 결정론적 존재로 바라본 것과 마찬가지로 인간을 환경에 의해 통제되고 조작되는 기계(로봇)적 존재로서 바라보고 있다는 점에서 비판을 받게 되었다.

인지주의 심리학에서의 성격 : '신념·사고에 의한 행동'

행동주의 심리학이 성격을 과학적으로 접근한 최초의 이론이라는 점에서 의미가 있었지만 이는 인간을 환경에 의한 학습으로 결정되는 수동적 존재로 바라봄으로써 인간을 주체성 없이 환경에 의해 조작되는 기계적 존재로 만들었다는 사실에 심리학계의 비판을 피할 수 없었다. 인지주의 심리학에서는 인간의 성격이 무의식이나 환경적 강화에 의해 결정되기보다 인간의 세 가지 심리영역인 인지, 정서, 행동의 상호작용 속에서 정서와 행동에 선행하는 '인지' 혹은 '인지적 판단'에 의해 '인간이 주체적으로 행동할 수 있다'라는 입장이다. 임상심리학자인 앨버트 앨리스가 개발한 '합리적 정서행동치료(REBT)'는 성격의 인지적 요인의 중요성을 강조한 최초의 이론으로 '인간은 일어난 사건 자체 때문이 아니라 그 사건에 대한 생각으로 고통받는다'라는 스토아 철학자 에픽테투스의 말을 인용하여 사건보다 우리가 사건을 어떻게 생각하느냐의 신념체계가 우리의 감정이나 행동에 영향을 미친다는 심리치료 이론이다. 앨리스는 인간이 합리적 성향과 비합리적 성향 모두를 타고났기에 비합리적인 신념 즉 역기능적 사고를 버리고 합리적인 신념 곧 순기능적 사고를 가질 때 인간의 성격에 긍정적 변화가 일어남을 강조하였다.

앨리스와 더불어 인지적 성격이론을 발전시킨 또 한 명의 인물은 정신과 의사인 아론 벡이었다. 벡은 행동을 결정하는 인지적 요인을 더욱 세분화하여 '인지-특수성 가설' 즉 정신장애를 가진 사람마다 독특한 사고의 내용을 가지고 있다는 부분을 정교하게 설명해 냈다. 이를 성격의 측면으로 가져온다면 사람마다 가진 독특한 성격 안에는 저마다 독특한 사고가 존재하며 그러한 독특한 사고가 인간의 독특한 성격패턴을 만들어 낸다는 것으로 이해할 수 있다. 벡은 이를 '자동적 사고'라 명명하였는데, 이러한 자동적 사고들은 어린 시절 중요 인물과의 상호작용 속에 생긴 핵심신념들이 성격의 기본단위인 '인지도식'을 만들어 성격의 발달과정과 함께 강화되면서 독특한 자동적 사고에 의한 독특한 성격패턴을 만들어 낸다고 보았다. 예를 들어 어린 시절부터 형성되어 부정적이고 우울한 사고나 정서로 다져진 인지도식은 생활사건의 의미를 부정적으로 해석하여 우울한 정서와 행동을 낳고 평생 우울한 성격으로 살아가게 한다는 것이다. 따라서 인간의 부정적인 성격을 인지적 요인에 초점을 두고 변화시키는 것이 인지주의 심리학의 핵심이라 할 수 있다.

MBTI에서의 성격 : '심리적 선호에 의한 행동'

MBTI 성격유형검사는 융의 분석심리학에 의한 심리유형론을 토대로 마이어스-브릭스에 의해 고안된 자기보고식 검사이다. MBTI에서 바라본 인간의 성격은 '심리적 선호에 따른 행동'이다. 융의 심리유형론에 의하면 성격은 의식의 주인인 자아가 갖는 태도로서 외부 대상에 지향하는 정신적 에너지의 방향이 수동적인가, 능동적인가에 따라 성격태도가 결정된다. 외향성은 능동적 태도로서 외적 세계 및 타인에게 향하게 하는 성격태도이며, 내향성은 의식을 자신의 내적 주관적 세계로 향하게 하는 성격태도이다. 융은 우리 모두가 이러한 두 가지 성격태도를 가지고 있으며 둘 중 어느 태도가 지배적이냐에 따라 세상을 대하는 개인의 성격태도가 결정된다고 보았다. 또한 의식의 기능으로서 융이 제시한 정신적 기능의 구성요소는 사고, 감정, 감각, 직관이다. 이러한 구성요소는 그가 제안한 정신의 대립 원리에 따라 합리적 차원에서의 사고-감정, 비합리적 차원에서의 감각-직관으로 다시 구분된다. 융은 이러한 기능 중 어느 것을 우선적으로 사용하는가에 따라 기본적인 성격이 달라진다고 보았다.

이러한 융의 심리유형론을 토대로 마이어스-브릭스는 성격태도와 심리기능을 4가지 양극차원으로 구분하여 응답자가 선호하는 방식에 따라 16

가지 성격유형을 분류하였다. MBTI에서는 성격을 확신할 때 내가 어떤 태도에서 자연스럽고 어떤 기능을 사용하게 될 때 좀 더 편안한지를 중요하게 여긴다. 기본적으로 인간이 외향과 내향의 두 가지 성격태도를 다 가지고 태어난다 할지라도 실제 상황에서 내가 어떤 태도를 지배적으로 사용할지는 개인의 선호에 달려 있으며 직관-감각, 사고-감정의 심리기능 중 어떤 기능을 지배적으로 사용해서 정보를 인식하고 판단할지, 최종적으로 이를 어떤 생활양식으로 이행할지는 모두 개인의 선호방식에 달려 있다. MBTI가 앞서 다룬 심리학 이론에서 성격의 구성요소로 소개했던 무의식과 의식, 생활양식, 인지, 정서, 행동적인 측면에서 성격의 중요한 기능들을 4가지 선호지표로 분류한 것과, 개인의 선호에 따라 자신의 성격 유형을 스스로 결정할 수 있도록 한 것은 우리가 MBTI를 통해 나만의 독특한 성격 유형을 찾는 데 있어 중요한 이정표가 된다.

〈MBTI와 성격심리학 이론의 비교〉

정신 분석학	무의식에 지배당하는 행동	• 인간 행동은 무의식이 결정 • 원인 없는 행동은 없다(심리결정론) • 원초아가 머무는 곳에 자아가 있게 함으로써 무의식에 휘둘리지 않는 성격을 강조
분석 심리학	무의식을 실현하는 행동	• 인간은 충동에 의해 끌려가는 존재가 아니라 무의식을 실현하기 위해 앞으로 나아가는 존재 • 분화 과정에서 상실한 전체성 회복을 강조
개인 심리학	열등감 극복을 위한 행동	• 인간 행동은 '열등감 극복'이라는 목적을 가짐 • 성격은 분리된 성질이 아닌 통합된 성질로서 개인 분리 불가능성을 강조

행동주의 심리학	환경적 학습에 의한 행동	• 인간의 모든 행동은 환경과의 상호작용 속에서 후 천적으로 학습됨 • 개인의 특성은 다양한 상황 속에서 반복되어 나타 나는 독특한 행동패턴임을 강조
인지주의 심리학	신념·사고에 의한 행동	• 인간의 세 가지 심리영역인 인지, 정서, 행동의 상 호작용 속에서 인지가 핵심이 되어 행동에 영향 • 인지·신념에 따라 행동을 달리함을 강조
MBTI	심리적 선호에 의한 행동	• 자아의 성격태도와 심리기능에 따라 인간의 성격 을 4가지 양극차원으로 구분 • 개인의 성격은 개인의 선호에 따라 결정되고 좌우 됨을 강조

에필로그

　2021년 2월 『나를 넘어서는 에니어그램』(바른북스)을 출간한 후 다시 1년여 만에 두 번째 저서를 출간하게 되어 감사한 마음이 든다. 오랜 시간 '에니어그램'을 강의하고 지도해 온 내가 'MBTI'를 이해하게 된 것은 나에게 매우 의미 있는 일이 아닐 수 없었다. 타고난 자신의 성격을 이해함에 있어 '에니어그램'을 활용하든, 'MBTI'를 활용하든 저마다 그 가치가 있겠으나 필자는 독자들에게 기왕이면 '에니어그램과 MBTI' 두 도구를 함께 검사해 보기를 권한다. MBTI가 자신의 행동적인 측면에서 개인의 선호에 따라 성격의 개별화된 나를 안내해 준다면, 에니어그램은 발달적인 차원에서 어린 시절에 형성된 무의식적 동기에 따라 고착화된 성격을 어떻게 벗어날 수 있는지 안내해 줄 것이다.

　원론적인 이야기이지만 성격에 옳고 그름은 없다. 맞고 틀림도 없다. 다만 그 성격을 그대로 내버려 둘 것인지 아니면 관리하여 부족한 부분을 보완해 갈 것인지는 본인의 선택에 달려 있다. MBTI는 가장 먼저 자신의 핵심인 '주기능'을 충분하게 발전시켜야 한다고 강조한다. 주기능이 없는 사람은 '나다움'이 없는 사람이다. 자기만의 개성도 독창성도 없다면 이 세상에 무엇으로 나를 차별화하여 경쟁력을 가질 것인가? 개인이 기업이 되고 개인이 브랜드가 되는 이 시대에 내가 장기적으로 먹고살 수 있는 전문 직업, 전문 분야를 가지려면 MBTI가 필요하고 나의 주기능이 멋지게 사용되어야 한다. 그것이 나의 강점이고 세상과 경쟁할 나의 유일한 무기다.

그러나 일과 대인관계는 좀 다른 측면이 있다. 일할 때는 내가 제일 잘하는 것을 하면 되지만 사람을 만날 때는 상대에게 어느 정도 맞춰주는 융통성이 요구된다. 내가 세상에 유일하듯이 상대방도 세상에 유일한 존재임을 인정해 줘야 한다. 내 입장에서 볼 때 세상이 나를 중심으로 돌아가듯이 상대의 입장에서는 내가 그 무대의 주연이 아닐 수 있다. 내 인생에서는 내가 주가 되고 상대가 보조를 맞춰야 하지만, 상대의 인생에서는 내가 주가 아니라 보조를 맞춰야 하는 존재가 되어야 한다.

필자가 경험한 바에 의하면 인간은 절대 혼자 성장할 수 없는 존재이다. 내가 가진 것이 상대에게는 없을 수 있고 내게 없는 것이 상대에게 있을 수 있다. 잘나가던 사람이 한순간에 바닥으로 내려가는 이유도 혼자 질주하려는 욕심 때문이다. 인간의 삶은 '각자도생'이 아닌 '공생(共生)'이 되어야 한다. 그러자면 자신의 성격에만 갇혀 있기보다 서로에 대한 이해, 수용, 협력, 평화, 사랑으로 나아가야 한다. 심리유형론을 발표한 융도 브리그스와 마이어스가 MBTI를 개발한 이유도 나와 조금 의견이 다르고 차이가 있다고 해서 갈등하고 싸우며 전쟁을 일으키는 것보다 서로의 다름을 이해하고 수용해서 다투지 않고 싸우지 않는 공존의 세상을 만들기 위함이었다고 본다. 따라서 우리는 먼저 자기 이해를 바탕으로 타인을 이해하며 서로를 수용해야 한다. 더 나아가 함께 협력하여 성장할 수 있는 관계가 되어 개인, 사회, 국가, 인류의 발전에 도움을 줄 수 있어야 한다.

근래에 들어 MBTI를 비롯한 여러 성격 유형 검사들이 유행을 타고 있다. MBTI가 단순히 자꾸 나를 남과 비교해서 '나는 원래 그렇다. 이게 내 스타일이다'라는 식으로 나를 주장하고 드러내는 이기적인 도구로 쓰여서는 안 된다. 또 나와 맞는 '궁합'을 찾아 '너는 나와 맞아서 좋고 너는 나와 맞지 않아서 싫다'는 편 가르기의 기준이 되지 않도록 주의해야 한다. 부디 이 책을 읽고 접하게 된 독자들은 MBTI가 개발된 본래의 목적 그대로 나와 많이 다른 사람들을 더 많이 수용하고 '인간 이해'와 '자기 성장'의 도구로서 MBTI를 바람직하게 사용할 수 있기를 간절히 바란다.

2022년 2월의 어느 날,
『진정한 나다움의 발견 MBTI』 원고를 마감하며

MBTI 질문과 답변

1. MBTI에서 어떤 성격이 가장 대범하고 어떤 성격이 가장 소심한가요?

MBTI 유형에서는 어떤 유형이 더 대범하고 소심하고의 차이가 없습니다. 다시 말해 애초부터 그렇게 정해진 유형은 없습니다. 만약 유형끼리 누가 더 대범한 유형이고 소심한 유형이냐를 따진다면 어떤 유형이 어떤 유형보다 더 용감하고 자신감 있는 유형이 되기 때문에 유형을 어떤 기준으로든 차등을 두는 것은 바람직하지 않습니다. 다만 모든 유형이 상황에 따라 대범해질 때가 있고 소심해질 때가 있습니다. 예를 들어 외향적인 유형은 외부로 에너지를 쓰기 때문에 사람들이 많이 모인 곳에서는 대범해지지만 혼자 있을 때는 소심해질 수 있습니다. 반대로 내향 에너지를 가진 유형은 에너지를 내부로 쓰는 데 익숙하기에 외향과 반대로 사람들이 모인 곳에는 다소 소극적으로 보일 수 있지만 혼자 무언가를 할 때는 오히려 자신감 있는 태도가 나타납니다. 이것은 어떤 유형이든 원래부터 소심하게 태어나거나 대범하게 태어나는 것이 아니라 자신이 쓰는 에너지의 방향에 따라, 선호하는 환경에 따라 태도가 달라지기 때문입니다.

---

2. MBTI 검사를 할 때마다 E와 I, P와 J가 비율이 비슷해서 자주 바뀌는 이유가 뭔가요?

먼저 MBTI에는 '선호빈도'라는 개념이 있습니다. 검사를 했을 때 외향형이 나왔다고 해서 내가 100% 외향형이라고 할 수 없다는 거죠. 외향형의 빈도가 높다는 것이지 어떨 때는 내향형의 특성을 보일 수도 있는 겁니다. 따라서 모든 사람이 양쪽의 특성이 있지만 내가 태어날 때부터 더 많이 선호하는 타입이 있습니다. 자신이 좀 더 끌리고 자연스럽게 하게 되는 행동이 바로 내 최적의 유형입니다. 참고로 EI, JP의 지표는 '태도지표'로서 '행동양식'에 속합니다. 내가 실제 행동할 때 하고 싶은 행동이 있고 상황에 맞는 행동을 해야 할 때가 있습니다. 이때 상황에 관계없이 내가 하고 싶은 행동이 나의 선호유형이 됩니다.

---

3. MBTI 검사를 실시할 때마다 유형이 달라지는 이유는 무엇인가요?

MBTI가 스위스 분석심리학자인 칼 융이 1923년에 발표한 『심리유형론

(Psychological Types)』을 읽고 그 이론에 심취한 캐서린 브릭스와 그녀의 딸 이자벨 마이어스가 개발한 성격유형검사라는 것은 익히 알려진 사실입니다. 융은 '인간의 유형발달은 태어나면서부터 죽을 때까지 일생동안 지속된다(Life—long process)'는 유명한 이야기를 한 바 있죠. 이것을 '개별화(Individuation) 과정'이라고도 합니다. 개별화란, '하나의 꽃이 씨앗으로 태어나 꽃으로 피어나기까지 자라나는 모든 과정 속에서 그 가능성이 하나씩 하나씩 발달해 간다'는 개념입니다. 이처럼 우리 각자가 가진 '성격(유형)'이라는 것도 어느 한순간에 그 모습을 형성하는 것이 아니라 시간 속에서 순차적으로 기능이 하나씩 하나씩 발달하면서 결국에는 자기만의 분명한 성격적 특징을 완성해 낸다는 것입니다. 신이 창조한 자연만물이나 인간이 만든 기계나 사물을 보더라도 이 세상에는 의도되지 않은 창조물은 하나도 없고, 모든 창작물들이 치밀한 창조주, 창작자의 계산에 의해 설계되어 완성되었다는 사실을 알 수 있습니다. 하물며 인간의 성격이라는 것이 그렇게 쉽게 나만의 스타일, 라이프 스타일로 완성되지는 않는다는 것입니다.

그럼 MBTI 검사를 실시할 때마다 유형이 달라지는 이유는 무엇이었을까요? 그것은 내 성격이나 유형이 바뀌는 차원이 아니라 '나만의 독특한 유형이 자리를 잡아가는 과정'이라고 보는 것이 맞습니다. 다시 말해 나의 성격적인 특징들, 그 기능 하나, 하나가 발달해 가는 과정이기 때문에 아직 그 성격을 '무엇이다'라고 단정 지을 수 없는 겁니다. 운동선수들이 자기의 '포지션'을 잡을 때까지 부단히 여러 훈련을 경험하면서 자기 위치를 찾아가는 것처럼 말입니다. 그러하기에 나의 꽃이 발화하기 전까지 내가 어떤 꽃이라고 명명하기에 아직은 이른 시기일 수 있다는 사실입니다.

융은 이러한 개별화 과정 즉 나의 유형이 자신의 완전한 모습을 형성하는 과정 속에서 개별화가 충분하게 이루어져야 한다고 강조했습니다. 즉, 처음에는 주기능과 같은 나의 주특기와 주기능의 보조를 이루는 부기능을 발달시켜 주기능과 상호 균형, 보완을 이루고, 중년 이후에는 미미했던 나머지 기능들(3차, 열등기능)에 집중하여 통합을 이루어야 합니다.

지금 내가 나의 기능들의 위치를 배열하고 자리를 잡아가는 시기라면 이때 MBTI 검사를 했을 때 나오는 결과들은 분명하지 않을 수 있고 나의 최적의 유형(Best-fit Type)이라고 단정 지을 수 없습니다. 하니 MBTI 검사를 할 때마다 유형이 다르게 나오고 있다면 내가 아직 개별화가 되어가는 중에 있고 성격이 자리를 잡아가는 발달과정 속에 있다고 보면 맞는 겁니다. 이것은 우리의 마음이 성장해 가고 있는 증거이고 자기실현으로 가는 과정이라고 할 수 있습니다. 그러니 검사 결과에 대해 자신을 의심하지 마시고 시간을 두고 천천히 자신의 유형을 찾아가는 여유가 필요합니다. 쇼핑을 할 때도 한번에 옷을 고르지 않고 나에게 어울리는 옷을 찾기 위해 여러 옷들을 입어 보지 않습니까? 그처럼 내게 어울리고 편안하며 자연스러운 유형, 그 성격의 타입을 찾기까지 나에게 진행되고 있는 개별화 과정을 즐겨야합니다.

---

4. MBTI는 과학적인가요? 과학적이라면 그 이유는 무엇인가요?

심리학은 철학에서 비롯된 학문입니다. 철학과 심리학 모두 보이지 않는 인간의 마음을 탐구하는 학문이라는 점에서 근본이 같은 학문이라고 할 수 있습니다. 하지만 인류는 좀 더 인간의 마음을 깊이 있게 들여다보고 싶었고 인간의 심리(마음의 움직임, 역동)를 보다 과학적으로 증명하고 싶었습니다. 과학이란 증명해 내는 학문입니다. 그러려면 눈으로 보이는 무언가가 필요했습니다. 인간의 마음, 심리는 눈에 보이지 않기에 과학이 필요했고, 과학적 실험연구 방법을 빌어 비로소 인간의 마음이 존재한다는 것과 일정한 법칙에 의해 움직이고 있다는 것을 밝혀내는 일들이 생겨난 것입니다. 인간의 본능, 감정, 정신의 보이지 않는 영역들을 과학적 연구방법으로 증명할 수 있도록 한 학문이 바로 '심리학(심리+과학)'인 것입니다.

MBTI를 많은 분들이 알고 사용하고 계시지만 MBTI가 어느 영역 안에 속한 것인지를 모르시는 분들이 많이 계십니다. 예를 들어 '수제 버거'는 직접 손으로 만든 햄버거를 말합니다. 즉 손으로 만든 이 수제 버거는 '햄버거'라는 상위개념 안에 들어가고 햄버거는 다시 '빵'이라는 대개념 안에 들어갑니다. 마찬가지로 MBTI라는 것은 '성격검사'라는 상위개념에 들어갑니다. 성격검사는 다시 '심리검사'라는 대개념에 속하게 됩니다. 심리검사는 심리학을 전공한 심리전문가(임상심리학자, 임상심리사)들이 의사가 의료 자격을 얻어 인간의 신체 상태를 진단하고 치료하듯이 인간의 마음 상태를 심리검사로 진단하여 상담을 통해 마음의 문제를 해결해줄 때 사용하는 전문적인 도구입니다. MBTI는 단순한 심리테스트가 아니라 심리연구자들이 심리학이라는 과학적 심리연구 방법을 토대로 심리학자들의 표준화(검사 도구의 신뢰도와 타당도 검증)를 거쳐 사용되고 있는 심리검사, 성격검사 도구 중 하나라고 할 수 있습니다. 다시 말해 MBTI는 심리학의 과학적 연구 방법으로 검증된 성격검사입니다.

MBTI가 대중에게 널리 알려져 있긴 하지만 인간의 성격이 어떻게 16가지로만 분류될 수 있겠냐는 의문과 MBTI를 개발한 두 모녀가 심리학 전공자가 아닌 일반인이었다는 이유로 아직까지 국내에서는 심리학자들의 인정을 100% 받고 있진 못하고 있는 것이 현실입니다. 그럼에도 불구하고 MBTI는 국내뿐 아니라 전 세계적으로 사람들이 쉽게 자신의 성격을 검사하여 알아보는 유용한 심리검사로 활용되어 왔고 수많은 임상 결과를 통해 신뢰받으며 사랑받아 온 검사라고 할 수 있습니다. 심리학계에서 인정을 받든 안 받든 MBTI는 모든 사람들이 한 번쯤은 자신의 성격 분석을 위해 진단해 볼 만한 충분한 가치가 있는 검사라고 말씀드리고 싶습니다.

---

5. MBTI 성격, 연애궁합에 대해 알고 싶어요.

• 서로 MBTI 유형이 같거나 유사한 경우

→ '서로에게 큰 도움이 되진 못하지만 같이 있으면 편하고 고향에 온 듯한 친근하고 편한 사이'

"똑같은 성격유형을 공유하고 있는 경우 타인과 관계된 동일한 어려움에 직면할 수 있다. 이들은 같은 약점을 공유하기 때문에, 일상에서 중요한 측면을 소홀히 하거나 무시할 수 있다. 때때로 자신이 하기 싫은 것들을 상대에게 떠맡기는 경우가 발생하며 마지못해 책임을 지게 된 사람은 특히 이러한 노력이 상대에 의해 인정받지 못하게 될 때

'유유상종'이란 말을 들어본 적이 있을 겁니다. 같은 성격을 가진 개인이나 집단이 잘 사귀고 뭉쳐진다는 뜻이죠. 비슷하고 똑같은 MBTI 유형을 친구로 사귀거나 연애를 하게 되면 고향에 온 것처럼 너무 편하고 익숙한 기분이 들어 힐링이 될 정도입니다. 무언가 서로 말하지 않아도 마음을 알 수 있고 같이 있기만 해도 위로가 되는 기분이 들기 때문에 '공감대 형성에 있어선 최고의 궁합'이라고 할 수 있습니다. 서로 비슷하고 서로 잘 알기 때문에 같이 무언가를 함께하게 될 경우 '시너지 효과(synergy effect)'가 생길 수 있고 힘든 순간이 올 때마다 서로를 의지하며 파이팅을 외칠 수 있을 겁니다. 그러나 서로 비슷한 것은 각자 개인의 성장과 발전에 있어 큰 도움이 되지 못합니다. 우리는 보통 학교에 다닐 때 만났던 친구들과 깊은 우정을 가지게 됩니다. 하지만 성인이 되고 어른이 되서 사회생활을 하게 되면 어릴 적 그렇게 친했던 친구들이 하나 둘씩 연락이 뜸해지거나 만남이 예전 같지 않게 되죠. 그것은 친구들과의 우정에 문제가 생겨서라기보다 정작 내가 사회로 나왔을 때 나와 그렇게 죽이 맞고 코드가 어울렸던 친구들이 실제적인 도움을 주지 못하기 때문입니다. 그래서 친구 같은 편안한 느낌이 연애로 발전하기 어려운 이유가 여기에 있습니다.

따라서 MBTI 유형이 서로 비슷하거나 동일한 유형은 편안하고 익숙함이 이내 지루함이 될 수 있고 서로의 발전에 있어서 실제적인 도움이 되거나 영향력을 끼치기는 어려울 수 있습니다. 그럼 어떻게 해야 하나요?

헤어져야 하나요? 그것은 아닙니다. 실제 MBTI 연구 통계에 따르면, 사람들은 유사하지 않은 유형보다 유사한 유형 간 커플이 더욱 많이 발생하였고 결혼하는 비율이 높은 것으로 나타났습니다. 이것은 왜일까요? 커플에서 MBTI 유형의 유사성은 반대 유형에게 서로 매력을 느끼는 것보다 더 큰 매력으로 다가오기 때문입니다. 우리가 일이나 직업세계에서는 공적으로 무언가 결과를 만들어야 하고 의도적으로 성과를 일으켜야 하기 때문에 서로 유형이 맞지 않아도 함께 어울려야 하고 서로 부족한 부분을 채워 발전해 가야 유익이 됩니다. 하지만 개인적으로 만나는 이성이나 커플, 연애, 결혼한 부부 사이에서까지 서로에게 지적하고 판단해야 할 이유가 있을까요? 집은 직장이 아니라 휴식처가 되어야 하고 사적으로 만나는 사람은 나에게 위로와 안식처가 되어야 합니다. 그런 면에서 내게 무리한 자극을 주거나 요구하지 않는 비슷한 유형의 이성은 오히려 내게 에너지를 채워 줄 수 있는 비타민과 같은 관계가 될 수 있을 겁니다.

- 서로 MBTI 유형이 다르거나 반대인 경우
→ '서울과 부산처럼 너무 큰 거리가 느껴지지만 서로 간에 성장과 상호 보완이 되는 사이'

"반대유형의 조합은 양쪽 상대를 만족시키는 안정성, 역할 분담, 책임감을 촉진하는 것으로 보인다. 일반적으로 외향형이 내향형보다 더 만족하는데 타인과의 관계에서 편안해하고 훨씬 수월해하는 외향형과 비교하여 내향형은 더 불편해하거나 관계에 대해 이상적인 기대

—『MBTI Form M 매뉴얼』263~264쪽

일반적으로 커플이 되고 연애를 시작하는 대부분의 상황은 서로의 다름에 끌려 그것이 호감이 되는 경우가 많습니다. 내가 가지고 있지 않은 무언가를 상대가 자신 있게 펼치고 있는 모습에 왠지 나도 저 사람을 만나면 저렇게 달라질 수 있지 않을까? 하는 기대심리가 작용하기 때문입니다. 나는 매우 소심하고 소극적인 성격이라 말수도 적고 수동적인데 반해 상대는 아주 대범하고 강단이 있어 적극적이고 능동적인 모습을 보입니다. 그리고 그런 상대를 내가 이성이나 배우자로 맞이하게 되면 나도 함께 성장하고 발전할 것만 같고 최소한 내 무능력함이나 부족함이 드러나는 것을 상대를 방패 삼아 최소화할 수 있을 거라는 방어심리가 작용합니다. 그래서 종종 연애와 결혼은 다르다고 이야기합니다. 친구처럼 편하게 어울리는 사이가 연애라면, 결혼은 현실이고 실제적인 문제를 서로 감당해 낼 수 있어야 하기 때문에 내가 부족한 지점을 정확하게 메꿔 줄 수 있는 그런 듬직한 사람과 해야 한다는 것입니다. 또한 나와 상대적으로 다른 유형을 가진 이성, 커플들은 실제 동일하거나 유사한 커플보다 갈등이 잦고 싸움이 많이 일어납니다. 상담 장면에 자주 찾아오는 커플들은 대부분 서로 유형이 다른 커플들이 상당수를 차지하고 있습니다. 상담 장면에서 털어놓는 커플들의 이야기를 들어보면 대부분 처음에는 서로 달라서 매력을 느끼고 연애를 하며 의지하다가 결혼을 했는데 이제는 호감이 비호감으로 바뀌어서 매일 싸우는 일이 반복되어 힘들다는 것입니다.

그럴 때마다 저는 이런 이야기를 해드리곤 합니다.

"어느 마을에 소와 사자가 서로 사랑했습니다. 소는 날마다 사자에게 맛있는 풀을 대접했고 사자는 날마다 소에게 맛있는 살코기를 주었습니다. 둘은 서로 맞지 않아 싸우게 됩니다. 둘은 끝내 헤어지게 됩니다."

이 이야기는 소와 사자가 서로 다름의 차이를 이해하지 못해서 벌어진 일입니다. 소가 소의 눈으로만, 사자가 사자의 눈으로만 상대를 봤기 때문에 둘은 합의점을 찾지 못하고 갈라서게 된 것입니다. 나와 다른 상대를 위해 내가 반드시 해야 할 일은 상대를 '이해'하는 일입니다. 상대를 이해하려면 상대를 파악할 수 있는 눈을 가져야 합니다. 그럴 때 필요한 것이 이런 MBTI라는 도구일 것입니다. 나와 상대가 무엇이 다른지, 무엇이 맞지 않는지를 알아서 상대가 내게 원하는 것, 바라는 것을 해줄 수 있는 배려가 필요합니다. 나와 서로 유형이 다른 커플은 서로가 다르기 때문에 갈등이나 관계의 위기가 찾아 올 수 있습니다. 그럴 때마다 서로를 좀 더 알아가고 이해할 수 있는 기회로 삼고 그 위기를 잘 직면하여 넘어서야 합니다. 이렇게 된다면 서로의 가려운 부분을 긁어 주고 각자가 혼자서 해결할 수 없는 문제를 서로 보완해 줄 수 있는 '상호보완에 있어선 환상의 궁합'이 될 수 있을 것입니다.

6. 유재석 님의 MBTI가 왜 ISFP인가요?

국민MC, 유느님, 유야호, 유산슬, 유두래곤, 유르스윌리스 등 각종 수식어가 무색할 만큼 우리 '유재석' 씨에 대한 인기는 식을 줄을 모릅니다.

공중파로부터 각종 지상파에 이르기까지 연예계 PD님들의 러브콜을 받으며 해마다 방송 3사 연예대상을 휩쓸고 있는 유재석 씨는 국민들의 사랑을 꾸준히 받아 온 연예계의 모범적인 인물로 자리매김하고 있습니다. 〈무한도전〉 시절부터 성실함과 겸손함으로 그 성품을 인정받고 같은 자리에서 늘 한결같이 초심을 잃지 않으며 꾸준히 성장해 온 유재석 씨의 MBTI 유형은 'ISFP'였습니다. ISFP는 과연 무슨 유형이기에 유재석 씨가 이런 유형이 나온 걸까요?

ISFP 유형은 MBTI 유형에서 따뜻한 감성을 가진 '성인군자형'이라고 합니다. 마음에 양털을 깔아 놓은 사람처럼 온순한 기질을 타고난 성향으로 MBTI 모든 유형 중에서 가장 관용적이며 온화한 유형으로 알려져 있습니다. 기본적으로 인간에 대한 따뜻한 마음과 덕이 있기 때문에 자신의 능력을 뽐내기보다 겸손하게 자기를 낮추고, 주도하기보다 충실히 따르는 형이라고 할 수 있습니다. 유재석 씨의 연예계 성장기를 살펴보면 1991년 제1회 KBS 대학개그제를 시작으로 데뷔한 이후 9년여 동안 오랜 무명시절을 겪어야 했습니다. 그런 그가 무명시절 한결같이 마음속으로 기도했던 것은 '제게 단 한번만 기회를 주시면 초심을 잃지 않고 열심히 해 보겠습니다'였다고 합니다. 그런 그의 간절한 바람에 하늘이 감동했는지 그는 당당히 무명시절의 아픔을 딛고 지금의 위치에 오르게 되었습니다. 무명시절 '초심'을 잃지 않고 과거 자신처럼 힘든 무명 시기를 보내고 있는 선후배들을 챙기며 정상의 자리에서도 자신을 내세우기보다 동료들을 돌보이게 하려고 겸손하게 최선을 다하는 한결같은 모습을 보여 주고 있습니다.

또한 ISFP 유형은 '호기심 많은 예술가형'으로 불립니다. 예술가? ISFP가

어째서 예술가란 말인가? 이런 의문이 들지도 모르겠습니다. 하지만 ISFP 유형을 가만히 뜯어보면 '아, 그래서 그렇구나!'라는 생각이 들 것입니다. ISFP 유형은 주기능을 F(감정)로 사용하는 분들입니다. 외부에서 받아들인 정보를 다시 감정(Fi)으로 재해석하는 성향이라고 할 수 있습니다. 예술가들의 특징은 사물을 있는 그대로 해석하지 않고 자신의 느낌과 정서, 감성을 투영하여 자기만의 특별하고 독창적인 작품을 만들어 내는 기질에 있습니다. 유재석 씨가 방송 경력 30년 차임에도 대중의 꾸준한 사랑을 받아 온 비결은 아마도 '새로움에 대한 도전' 곧 '창의성'이라고 할 수 있을 것입니다. 코미디언을 넘어 예능인으로서 노래, 춤, MC, 연기에 이르기까지 다양한 장르를 넘나들며 자신에게 어떤 콘셉트가 주어져도 훌륭하게 소화해 내는 ISFP 유형의 예술가적 기질이 없었다면 유재석이란 사람의 과감한 변신 또한 없었을 것입니다.

---

7. MBTI에서 좋은 성격과 나쁜 성격이 있나요?

성격에는 좋고 나쁨이 없습니다. 다만 주의할 점은 성격에도 성숙하거나 미성숙한 성격이 있을 수 있습니다.

MBTI에서도 성숙과 미성숙, 유형에 대한 선호가 적응적(adaptive)일 때와 일방향적(one-sidedness)일 때가 있습니다. 유형에 대한 선호가 적응적인 경우는 자신의 주기능이 자연스럽게 드러나는 경우이고 일방향적인 경우는 스트레스 상황에서 스트레스를 덜 받기 위해 자신의 주기능을 지나치게 남용하여 성격이 부적응적으로 나타나는 상태를 말합니다. 예를 들어 S(감각형)가 적응적일 때는 실용적이고 정확하며 구체적인 성향으로 나타나지만 일방향적일 때는 까다롭고 강박적이며 현실에만 머물러 단조로워집니다. N(직관형)이 적응적일 때는 상상력이 풍부하고 큰 그림을 보며 통찰력이 나타나지만 일방향적일 때는 별난 행동으로 변덕스럽고 엉뚱해지며 비현실적이 됩니다. T(사고형)가 적응적일 때는 명료하고 객관적이며 간결한 성향이 나타나지만 일방향적일 때는 논쟁만 하려 들거나 인정사정이 없어지고 퉁명스러워지며 무뚝뚝해집니다. F(감정형)가 적응적일 때는 타인을 인정해주고 배려해주며 가치를 지향하는 성향이 나타나지만 일방향적일 때는 타인에게 책임을 미루고 과민하게 반응하며 모호해지고 막연해지는 모습이 있습니다. 따라서 MBTI와 심리위계(131쪽 참고)에서도 살펴보았듯이 자신의 주기능이 잘 사용되도록 하기 위해 부기능, 3차, 열등기능이 배제되지 않고 주기능에 적절한 도움을 주는 관계가 될 수 있어야 합니다.

"그것이 나를 사용했을 때, 나는 그것을 내 열등기능이라고 불렀다.
하지만 내가 그것을 사용할 때, 나는 그것을 내 4차 기능이라 부른다."

- K.D. 마이어스

참고문헌

김봉환 외, 『진로상담이론(한국 내담자에 대한 적용)』, 학지사, 2010.

김춘경, 『상담의 이론과 실제』, 학지사, 2012.

박영숙 외, 『최신 심리평가』, 하나의학사, 2010.

양명숙 외, 『상담이론과 실제』, 학지사, 2016.

오윤선·정순례, 『심리검사의 이해와 활용』, 양서원, 2017.

Geoffrey P. Kramer 외, 황순택 외 옮김, 『임상심리학의 이해』, 학지사, 2017.

Isabel Briggs Myers 외, 김정택·심혜숙 옮김, 『MBTI Form M 매뉴얼』, 어세스타, 2013.

진정한 나다움의 발견
MBTI

ⓒ 김성환, 2022

개정판 1쇄 발행 2022년 9월 6일

지은이   김성환
펴낸이   이기봉
편집   좋은땅 편집팀
펴낸곳   도서출판 좋은땅
주소   서울특별시 마포구 양화로12길 26 지월드빌딩 (서교동 395-7)
전화   02)374-8616~7
팩스   02)374-8614
이메일   gworldbook@naver.com
홈페이지   www.g-world.co.kr

ISBN   979-11-388-1218-4 (03180)